Guttentag'sche Sammlung
Nr. 16. Deutscher Reichsgesetze. Nr. 16.
Text-Ausgaben mit Anmerkungen.

Rechtsanwaltsordnung.

Text-Ausgabe mit Anmerkungen und Sachregister

von

R. Sydow.

Dritte vermehrte Auflage.

Berlin.
J. Guttentag, Verlagsbuchhandlung.
1893.

Rechtspr.	bedeutet	Rechtsprechung des Deutschen Reichsgerichts in Strafsachen. Herausgegeben von den Mitgliedern der Rechtsanwaltschaft.
R.G.	„	Entscheidungen des Reichsgerichts in Civilsachen. Herausgegeben von den Mitgliedern des Gerichtshofes. Bd. I bis XXVIII.
R.G.	„	Entscheidungen des Reichsgerichts in Strafsachen. Herausgegeben von den Mitgliedern des Gerichtshofes. Bd. I—XXII.
Sten.Ber.	„	Stenographische Berichte über die Verhandlungen des Deutschen Reichstages: 3. Legislaturperiode, II. Session, 1878.
St.G.B.	„	Strafgesetzbuch für das Deutsche Reich.
St.P.O.	„	Strafprozeßordnung.

Inhalt.

Rechtsanwaltsordnung.

	Seite
Erster Abschnitt: Zulassung zur Rechtsanwaltschaft. §§. 1—25	1—15
Befähigung S. 1. — Zulassung zur Rechtsanwaltschaft überhaupt S. 2—5. — Zulassung bei einem bestimmten Gerichte S. 5—8. — Anfechtung der Versagung S. 8. — Beeidigung S. 9. — Wohnsitz S. 9—11. — Eintragung S. 11. 12. — Zurücknahme der Zulassung S. 12. 13. — Stellvertretung S. 14.	
Zweiter Abschnitt: Rechte und Pflichten der Rechtsanwälte. §§. 26—40	15—23
Im Allgemeinen S. 16—18. — Gegen den Auftraggeber S. 18. 19. — Beiordnung 19—23. — Vorbereitungsdienst bei Rechtsanwälten S. 23.	
Dritter Abschnitt: Anwaltskammern. §§. 41 bis 61	23—32
Vorstand S. 24—26. — Geschäftskreis S. 26—28. Geschäftsführung S. 28—32.	
Vierter Abschnitt: Ehrengerichtliches Verfahren. §§. 62—97	32—48
I. Zulässigkeit und Strafen S. 32—36. — II. Verfahren S. 36. 37. — Besetzung des Ehrengerichts S. 37. — Zuständigkeit S. 37. — Voruntersuchung S. 37—39. — Entscheidung über die Er-	

Seite

öffnung des Hauptverfahrens S. 39. 40. — Hauptverhandlung S. 40—43. — Beschwerde S. 43. 44. — Berufung S. 44. 45. — Staatsanwaltschaft S. 45. — Verfahren wegen versagter Zulassung S. 45. 46. — Kosten S. 46. 47. — III. Vollstreckung S. 47. 48.

Fünfter Abschnitt: Rechtsanwaltschaft bei dem Reichsgerichte. §§. 98—102 . . . . . 48—50

Sechster Abschnitt: Schluß- und Uebergangsbestimmungen. §§. 103—116 . . . . . 50—55

Uebergangsbestimmungen S. 51—55.

Sachregister . . . . 56—64

Rechtsanwaltsordnung.

Vom 1. Juli 1878.

(R.G.B. von 1878, Nr. 23, S. 177—198.)
In Kraft getreten am 1. Oktober 1879. §. 103.
— §. 1 E.G. zum G.V.G.
Eingeführt in Helgoland seit 1./4. 91: Art. I Nr. VIII, 8 R.Ges. v. 22./3. 91 (R.G.B. 22).
Im Bereich der Konsulargerichtsbarkeit und der Schutzgebiete gilt die Rechtsanwaltsordnung nicht. §. 11 R.Ges. v. 10./7. 79 (R.G.B. 199). §. 2 R.Ges. v. 19./3. 88 (R.G.B. 75).

Erster Abschnitt.

Zulassung zur Rechtsanwaltschaft.

Befähigung.

1. Zur Rechtsanwaltschaft kann nur zugelassen werden,[1] wer die Fähigkeit zum Richteramt erlangt hat.[2]

[1] Uebergangsbestimmungen §§. 107—109.

[2] Durch die Pensionirung im Richteramt wegen Dienstunfähigkeit erlischt nicht von selbst die Fähigkeit zur Rechtsanwaltschaft. E.G.H. II, 39. — §§. 2, 4 G.V.G. §. 22 E.G. zum G.V.G.

2. Wer die Fähigkeit zum Richteramt in einem Bundesstaat erlangt hat, kann[1] in jedem Bundesstaate zur Rechtsanwaltschaft zugelassen werden.

[1] Und muß in dem Bundesstaate zugelassen werden, in welchem er die zweite Prüfung bestanden hat. §. 5. — Vgl. auch §. 5 G.V.G.

Zulassung zur Rechtsanwaltschaft überhaupt (Freigebung).

3. Ueber den Antrag auf Zulassung entscheidet die Landesjustizverwaltung.[1]

Vor der Entscheidung ist der Vorstand der Anwaltskammer[2] gutachtlich zu hören.

[1] Bei dem Reichsgericht das Präsidium. §. 99.

[2] §§. 42, 49 Nr. 4. Sein Gutachten bindet die Landesjustizverwaltung in den Fällen des §. 5 Nr. 4—6. — Ferner ist zu hören das Oberlandesgericht in den Fällen der §§. 9, 10, das oberste Landesgericht im Falle des §. 104. — Verfahren: Preußen: Nr. II, 1—3, 6, 7 Verf. v. 28./6. 79 (J.M.Bl. 151) Nr. 1 Verf. v. 2./5. 88 (J.M.Bl. 110), Verf. v. 3./10. 92 (J.M.Bl. 304). Bei den Kondominatgerichten: Verf. v. 5./11. 79 (J.M.Bl. 451), v. 2./2., 16./2., 12./3. u. 14./4. 80 (J.M.Bl. 25, 34, 53, 83). — Bayern: §§. 1—3 Bekanntm. v. 7./7. 79 (Ges.u.Ver.Bl. 685). — Württemberg: Nr. 1—3 Verf. v. 13./2. 80 (Reg.Bl. 76).

4. Wer zur Rechtsanwaltschaft befähigt ist, muß zu derselben bei den Gerichten des Bundesstaats, in welchem er die zum Richteramte befähigende Prüfung bestanden hat, auf seinen Antrag zugelassen werden.[1]

Das Recht auf Zulassung bei einem mehreren Bundesstaaten gemeinschaftlichen Gerichte wird dadurch begründet, daß der Antragsteller in einem dieser Bundesstaaten die zum Richteramte befähigende Prüfung bestanden hat.

Der Antrag eines nach den vorstehenden Vorschriften berechtigten Antragstellers darf nur aus den in diesem Gesetze bezeichneten Gründen[2] abgelehnt werden.

[1] In anderen Bundesstaaten und beim Reichsgericht kann er zugelassen werden §§. 2, 99.

[2] §§. 5, 6, 14, 15.

5. Die Zulassung muß versagt werden:

1. wenn der Antragsteller in Folge strafgerichtlichen Urtheils[1] die Fähigkeit zur Bekleidung öffentlicher Aemter dauernd verloren hat oder zur Zeit nicht besitzt;[2]
2. wenn der Antragsteller in Folge ehrengerichtlichen Urtheils von der Rechtsanwaltschaft ausgeschlossen ist;[3]
3. wenn der Antragsteller in Folge gerichtlicher Anordnung in der Verfügung über sein Vermögen beschränkt ist;[4]
4. wenn der Antragsteller ein Amt bekleidet oder eine Beschäftigung betreibt, welche nach den Gesetzen oder nach dem Gutachten des Vorstandes der Anwaltskammer[5] mit dem Beruf oder der Würde der Rechtsanwaltschaft nicht vereinbar sind;[6]
5. wenn der Antragsteller nach dem Gutachten des Vorstandes der Anwaltskammer[5] sich eines Verhaltens schuldig gemacht hat, welches die Ausschließung von der Rechtsanwaltschaft bedingen würde;[7]
6. wenn der Antragsteller nach dem Gutachten des Vorstandes der Anwaltskammer[5] in Folge eines körperlichen Gebrechens oder wegen eingetretener Schwäche seiner körperlichen oder geistigen Kräfte zur Erfüllung der Pflichten eines Rechtsanwalts dauernd unfähig ist.[8]

[1] §§. 31, 33—36 St.G.B.

[2] Vgl. §. 6 Nr. 2. — Zurücknahme der Zulassung: §. 21 Nr. 3.

[3] §. 63 Nr. 4, §. 96. — Vgl. §. 6 Nr. 3. — Zurücknahme de Zulassung: §. 21 Nr. 3.

[4] §§. 593, 621 C.P.O. §§. 98. 100 K.O. — Vgl. §. 43 Nr. 1. — Zurücknahme der Zulassung: §. 22.

[5] §. 3 Abs. 2, §§. 42, 49 Nr. 4. Im Versagungsfall: §. 16 Abs. 2.

[6] Reichsbeamte: §. 16 R.Ges. v. 31./3. 73 (R.G.B. 64). — Für unvereinbar mit der Rechtsanwaltschaft ist vom Ehrengerichtshof erklärt der Betrieb einer Schankwirthschaft (E.G.H. I, 237); für nicht grundsätzlich unvereinbar: die Stellung eines juristischen Direktors einer Aktiengesellschaft (E.G.H. I, 60), eines Prokuristen in einem Handlungsgeschäft. E.G.H. I, 68.

[7] Wird die Zulassung ertheilt, so kann wegen Handlungen, welche ein Rechtsanwalt vor seiner Zulassung begangen hat, die Ausschließung im ehrengerichtlichen Verfahren erfolgen. §. 64.

[8] Vgl. Anm. 2 zu §. 1.

6. Die Zulassung kann versagt werden:

1. wenn der Antragsteller, nachdem er die Fähigkeit zur Rechtsanwaltschaft erlangt hatte, während eines Zeitraumes von drei Jahren weder als Rechtsanwalt zugelassen ist, noch ein Reichs-, Staats- oder Gemeindeamt bekleidet hat, noch im Justizdienst oder als Lehrer des Rechts an einer deutschen Universität thätig gewesen ist;[1]
2. wenn der Antragsteller in Folge strafgerichtlichen Urtheils die Fähigkeit zur Bekleidung öffentlicher Aemter auf Zeit verloren hatte;[2]
3. wenn gegen den Antragsteller, welcher früher Rechtsanwalt gewesen ist, innerhalb der letzten

zwei Jahre im ehrengerichtlichen Verfahren auf Verweis oder auf Geldstrafe von mehr als einhundertfünfzig Mark erkannt worden ist.[3]

[1] Uebergangsbestimmung: §. 110.

[2] Vgl. §. 5 Nr. 1.

[3] §. 63 Nr. 2, 3. Oder nach den bisherigen Gesetzen auf Suspension, Dienstsperre. §. 116. — Vgl. auch §. 15 Nr. 1.

7. Ist gegen den nach §. 4 berechtigten Antragsteller wegen einer strafbaren Handlung, welche die Unfähigkeit zur Bekleidung öffentlicher Aemter zur Folge haben kann,[1] die öffentliche Klage erhoben,[2] so ist die Entscheidung über die Zulassung bis zur Beendigung der Untersuchung auszusetzen.

[1] §§. 31, 33—35 St.G.B.

[2] §. 168 St.P.O.

Zulassung bei einem bestimmten Gerichte (Lokalisirung).

8. Die Zulassung erfolgt bei einem bestimmten Gerichte.[1]

Kammern für Handelssachen, welche ihren Sitz an einem anderen Orte, als an dem des Landgerichts haben,[2] sind im Sinne dieses Gesetzes als besondere Gerichte anzusehen.

[1] Wohnsitz: §. 18 Abs. 1. — Vgl. §. 27 Abs. 1.

[2] §. 100 Abs. 2 G.V.G.

9. Der bei einem Amtsgerichte zugelassene Rechtsanwalt kann auf seinen Antrag zugleich bei dem Landgerichte, in dessen Bezirke das Amtsgericht seinen Sitz hat, sowie bei den im Bezirke des Landgerichts befindlichen Kammern für Handelssachen zugelassen werden.[1] Die Zulassung muß erfolgen, wenn sie nach dem über-

einstimmenden Gutachten des Oberlandesgerichts und des Vorstandes der Anwaltskammer[2] dem Interesse der Rechtspflege förderlich ist.[3]

[1] Wohnsitz am Orte des Amtsgerichts: §. 18 Abs. 4. Vgl. jedoch Anm. 5 zu §. 18. — Zustellungsbevollmächtigter am Orte des Landgerichts: §. 19 Abs. 1.

[2] §. 3 Abs. 2, §§. 42, 49 Nr. 4.

[3] Verfahren: Preußen: Nr. II, 4 Verf. v. 28./6. 79 (J.M.Bl. 151). — Bayern: §. 4 Bekanntm. v. 7./7. 79 (Ges. u. Ver.Bl. 685). — Württemberg: Nr. 4 Verf. v. 13./2. 80 (Reg.Bl. 76).

10. Der bei einem Kollegialgerichte zugelassene Rechtsanwalt ist auf seinen Antrag zugleich bei einem anderen, an dem Orte seines Wohnsitzes befindlichen Kollegialgerichte[1] zuzulassen,[2] wenn das Oberlandesgericht durch Plenarbeschluß die Zulassung dem Interesse der Rechtspflege für förderlich erklärt.[3]

Erklärt das Oberlandesgericht die Zulassung einer bestimmten Anzahl von Rechtsanwälten für förderlich und beantragt innerhalb einer bekannt zu machenden vierwöchigen Frist eine größere Anzahl von Rechtsanwälten ihre Zulassung, so entscheidet unter den Antragstellern die Landesjustizverwaltung.

[1] Jedoch nicht beim Reichsgericht: §. 100. — Zur Thätigkeit bei einem Amtsgericht bedarf er keiner Zulassung: §. 75 C.P.O.

[2] Er kann auch bei dem obersten Landesgericht zugelassen werden. §. 104.

[3] Giebt das Oberlandesgericht diese Erklärung nicht ab, so darf er nicht zugelassen werden. Kom.Ber. 16. — Verfahren: Preußen: Nr. II, 5 Verf. v. 28./6. 79 (J.M.Bl. 151). — Bayern: §. 5 Bekanntm. v. 7./7. 79 (Ges. u. Ver.Bl. 685). — Württemberg: Nr. 5 Verf. v. 13./2. 80 (Reg.Bl. 76).

11. Ist der Rechtsanwalt bei einem Landgerichte zugelassen, welches zum Bezirk eines mehreren Bundesstaaten gemeinschaftlichen Oberlandesgerichts gehört,[1] so kann er zugleich bei dem letzteren zugelassen werden, auch wenn dasselbe an einem anderen Orte seinen Sitz hat.[2]

[1] Ferner: §. 114.

[2] Wohnsitz am Orte des Landgerichts: §. 18 Abs. 4. Zustellungsbevollmächtigter am Orte des Oberlandesgerichts: §. 19 Abs. 1.

12. Auf Antrag eines Landgerichts können bei demselben Rechtsanwälte, welche bei einem benachbarten Landgerichte zugelassen sind, widerruflich zugelassen werden, wenn nach dem Gutachten des Oberlandesgerichts die Zulassung zur ordnungsmäßigen Erledigung der Anwaltsprozesse erforderlich ist.

13. Die Zulassung bei dem im Antrage bezeichneten Gerichte darf wegen mangelnden Bedürfnisses zur Vermehrung der Zahl der bei demselben zugelassenen Rechtsanwälte nicht versagt werden.

14. Die Zulassung bei dem im Antrage bezeichneten Gerichte kann versagt werden, wenn bei demselben ein Richter angestellt ist, mit welchem der Antragsteller in gerader Linie verwandt oder verschwägert oder in der Seitenlinie im zweiten Grade verwandt oder verschwägert ist, auch wenn die Ehe, durch welche die Schwägerschaft begründet wird, nicht mehr besteht.

15. Die Zulassung eines Rechtsanwalts bei einem anderen Gerichte kann versagt werden:

1. wenn gegen den Antragsteller innerhalb der letzten zwei Jahre im ehrengerichtlichen Verfahren auf Verweis oder auf Geldstrafe von mehr als einhundertfünfzig Mark erkannt ist;[1]
2. wenn gegen den Antragsteller die Klage im ehrengerichtlichen Verfahren erhoben ist.[2]

[1] Vgl. Anm. 3 zu §. 6.

[2] §. 168 St.P.O. §. 66. — Ist öffentliche Klage erhoben: §. 7.

Anfechtung der Versagung.

16. Der Bescheid, welcher einem Antragsteller die beantragte Zulassung versagt, muß den Grund der Versagung angeben.

Wird die Zulassung nach dem Gutachten des Vorstandes der Anwaltskammer aus einem der im §. 5 Nr. 4, 5, 6 bezeichneten Gründe versagt, so ist auf Verlangen des Antragstellers über den Grund der Versagung im ehrengerichtlichen Verfahren zu entscheiden.[1]

Das Verlangen muß bei der Landesjustizverwaltung innerhalb der Frist von einer Woche seit der Zustellung des Bescheides angebracht werden.

Die Landesjustizverwaltung hat den rechtzeitig gestellten Antrag dem Vorstande der Anwaltskammer[2] zu übersenden.

[1] §. 93. — Die Entscheidung im ehrengerichtlichen Verfahren ist auf den im Gutachten des Vorstandes der Anwaltskammer angegebenen Versagungsgrund beschränkt. E.G.H. I, 63. II, 31. — Rechtskräftige Wirkung der ergehenden Entscheidung: E.G.H. IV, 90, 94.

[2] §. 42.

Beeidigung.

17. Nach der ersten Zulassung[1] hat der Rechtsanwalt in einer öffentlichen Sitzung des Gerichts, bei welchem er zugelassen ist, folgenden Eid zu leisten:[2]

„Ich schwöre bei Gott dem Allmächtigen und Allwissenden, die Pflichten eines Rechtsanwalts gewissenhaft zu erfüllen, so wahr mir Gott helfe."

[1] Vgl. §. 107 Abs. 3.

[2] Die Eidesleistung ist Voraussetzung der Eintragung in die Liste: §. 20 Abs. 2.

Wohnsitz.

18. Der Rechtsanwalt muß an dem Orte des Gerichts, bei welchem er zugelassen ist, seinen Wohnsitz[1] nehmen.[2]

Inwieweit benachbarte Orte im Sinne dieser Vorschrift als ein Ort anzusehen sind, bestimmt die Landesjustizverwaltung.[3]

Dieselbe kann einem bei einem Amtsgerichte zugelassenen Rechtsanwalte gestatten, an einem anderen Orte innerhalb des Amtsgerichtsbezirks seinen Wohnsitz zu nehmen.[4]

Ist der Rechtsanwalt bei mehreren Gerichten zugelassen, so muß er im Falle des §. 9 am Orte des Amtsgerichts, im Falle des §. 11 am Orte des Landgerichts[5] seinen Wohnsitz nehmen.

Die Mehrkosten,[6] welche bei der Vertretung einer Partei vor einem Kollegialgerichte[7] durch einen bei demselben zugelassenen Rechtsanwalt dadurch entstehen, daß der letztere seinen Wohnsitz nicht am Orte des

Gerichts hat,[8] ist die Gegenpartei zu erstatten nicht verpflichtet.[9]

[1] Er muß dort eine eigene Wohnung besitzen und zu dauerndem regelmäßigen Aufenthalt gebrauchen. Der Besitz eines Geschäftslocals genügt nicht. E.G.H. I, 243, III, 109, V, 10. Daneben darf er an dem Orte eines anderen Gerichts ein Geschäftslocal haben. E.G.H. III, 105, 112.

[2] Ist Voraussetzung der Eintragung in die Liste: §. 20 Abs. 2. — Uebergangsbestimmung: §. 107 Abs. 2. — Vgl. auch §. 21 Nr. 1, 2.

[3] Preußen: Verf. v. 3./10. 92 (J.M.Bl. 304).

[4] Reichsgericht: Bekanntmachung des Reichskanzlers v. 5./5. 79 (Centralbl. 340). — Bayern: Bekanntm. v. 11./9. 79 (Ges. u. Ver. Bl. 644).

[5] Am Orte des Landgerichts in diesem Falle selbst dann, wenn er ursprünglich bei dem Amtsgericht zugelassen war und bei dem Landgericht nur auf Grund des §. 9 die Zulassung erlangt hat. Sten. Ber. 1256—1258. In Folge dessen muß dann die Zulassung beim Amtsgerichte zurückgenommen werden. §. 21 Nr. 2.

[6] Sind einerseits besondere Kosten entstanden (z. B. durch die Reisen des Anwalts zur mündlichen Verhandlung), andrerseits Kosten, welche sonst entstanden wären, erspart (z. B. weil der Anwalt einen an seinem Wohnsitz stattgefundenen Beweistermin wahrgenommen hat), so ist nur der Ueberschuß jener besonderen Kosten über den ersparten Betrag von der Erstattung ausgeschlossen. R.G. XIV, 378.

[7] Vor einem Amtsgericht: §. 87 Abs. 2 C.P.O.

[8] §§. 9, 11, 12, 107 Abs. 2.

[9] Der Auftraggeber haftet dafür. — Mehrkosten bei der Vertretung einer armen Partei: §. 37.

19. Ist der Rechtsanwalt an dem Ort eines Gerichts, bei welchem er zugelassen ist, nicht wohnhaft,[1] so muß er bei diesem Gericht einen an dem Orte desselben wohnhaften ständigen Zustellungsbevollmächtigten[2] bestellen.

An den Zustellungsbevollmächtigten kann auch die Zustellung von Anwalt zu Anwalt[3] wie an den Rechtsanwalt selbst erfolgen.

Ist eine Zustellung an den Zustellungsbevollmächtigten am Orte des Gerichts nicht ausführbar, so kann sie an den Rechtsanwalt durch Aufgabe zur Post[4] erfolgen.

[1] §§. 9, 11, 12, 107 Abs. 2.

[2] §. 160 C.P.O. Derselbe ist dem Gegner im ersten Schriftsatz zu benennen: §. 161 C.P.O. — Vgl. auch §. 21 Abs. 3.

[3] §§. 126, 181 C.P.O. [4] §. 161 C.P.O.

Eintragung.

20. Bei jedem Gericht ist eine Liste der bei demselben zugelassenen Rechtsanwälte zu führen. In der Liste ist der Wohnsitz der Rechtsanwälte anzugeben.

Hat der Rechtsanwalt den Eid geleistet und seinen Wohnsitz in Gemäßheit des §. 18 genommen, so ist er in die Liste einzutragen. Veränderungen des Wohnsitzes hat derselbe unverzüglich anzuzeigen.

Mit der Eintragung beginnt die Befugniß zur Ausübung der Rechtsanwaltschaft.[1]

Die Eintragungen sind von dem Gericht auf Kosten des Rechtsanwalts durch den Deutschen Reichsanzeiger bekannt zu machen.[2]

[1] §§. 26 ff.

[2] Ferner: Preußen: Nr. III, 2 Verf. v. 28./6. 79 (J.M.Bl. 151), Verf. v. 31./12. 79 (J.M.Bl. 1880. S. 2). — Bayern: §§. 12, 15 Bekanntm. v. 7./7. 79 (Ges. u. Ver.Bl. 685). — Sachsen: Nr. 1 bis 3 Verordn. v. 16./8. 81 (J.M.Bl. 52). — Württemberg:

Nr. 7 Verf. v. 13./2. 80 (Reg.Bl. 76). — Elsaß-Lothringen: Verf. v. 7./3. 84 (Samml. v. Ges. &c. d. Just.Verw. Bd. 9 S. 55).

Zurücknahme der Zulassung.

21. Die Zulassung muß zurückgenommen werden:

1. wenn der Rechtsanwalt seinen Wohnsitz (§. 18) binnen drei Monaten seit Mittheilung des die Zulassung aussprechenden Bescheides nicht genommen hat;
2. wenn der Rechtsanwalt den Wohnsitz (§. 18) aufgiebt;[1]
3. wenn nach der Zulassung sich ergiebt, daß sie in Gemäßheit des §. 5 Nr. 1, 2 hätte versagt werden müssen.[2]

Die Zurücknahme kann im Falle des §. 5 Nr. 1 unterbleiben, wenn der daselbst bezeichnete Versagungsgrund nicht mehr vorliegt.

Die Zulassung bei einem Gerichte, an dessen Orte der Rechtsanwalt nicht wohnhaft ist,[3] muß zurückgenommen werden, wenn der Rechtsanwalt einen Monat lang versäumt hat, einen dort wohnhaften Zustellungsbevollmächtigten zu bestellen.

[1] Strafhaft an einem anderen Ort hebt den Wohnsitz nicht auf. Kammergericht v. 23./10. 84 (Blum I, 128).

[2] Das Hervortreten sonstiger Versagungsgründe, die schon vor erfolgter Zulassung vorgelegen haben (§. 5 Nr. 5), kann nur im ehrengerichtlichen Verfahren gerügt werden, §. 64.

[3] §§. 9, 11, 12, 107 Abs. 2.

22. Die Zulassung kann zurückgenommen werden, wenn der Rechtsanwalt in Folge gerichtlicher Anord-

nung in der Verfügung über sein Vermögen beschränkt ist.[1]

[1] §§. 593, 621 C.P.O. §§. 98, 100 K.O. Vgl. § 5 Nr. 3, §. 43 Nr. 1.

23. Die Zurücknahme der Zulassung erfolgt durch die Landesjustizverwaltung[1] nach Anhörung des Rechtsanwalts und des Vorstandes der Anwaltskammer.[2]

Ein die Zulassung zurücknehmender Bescheid muß den Grund der Zurücknahme angeben.

[1] Beim Reichsgericht durch das Präsidium. §. 99.

[2] §§. 42, 49 Nr. 4. Das Gutachten bindet die Landesjustizverwaltung nicht. — Verfahren: Preußen: Nr. IV Verf. v. 28./6. 79 (J.M.Bl. 151). — Bayern: §. 16 Bekanntm. v. 7./7. 79 (Ges. u. Ver.Bl. 685). — Sachsen: Nr. 4 Verord. v. 16./8. 81 (J.M.Bl. 52). — Württemberg: Nr. 6 Verf. v. 13./2. 80 (Reg.Bl. 76).

24. Stirbt der Rechtsanwalt oder giebt er die Zulassung auf oder wird die Zulassung zurückgenommen oder verliert der Rechtsanwalt in Folge Urtheils die Fähigkeit zur Ausübung der Rechtsanwaltschaft,[1] so ist die Eintragung in der Liste zu löschen.[2]

Die Löschung ist von dem Gerichte durch den Deutschen Reichsanzeiger bekannt zu machen.[3]

[1] §§. 31, 33—36 St.G.B. §. 96.

[2] Im Falle des freiwilligen Verzichts tritt die Unfähigkeit mit der Löschung in der Liste ein. R.G. XIX, 399. — Vgl. §. 96. — Auch §. 221 C.P.O.

[3] Nicht auf Kosten des Rechtsanwalts. §. 20 Abs. 4. Kom.Ber. 25. — Ferner: Bayern: §. 15 Abs. 2 Bekanntm. v. 7./7. 79 (Ges. u. Ver.Bl. 685). — Sachsen: Nr. 3 Verf. v. 16./8. 81 (J.M.Bl. 52). — Württemberg: Nr. 7 Verf. v. 13./2. 80 (Reg.Bl. 76).

Stellvertretung.

25. Die Stellvertretung eines an der Ausübung seines Berufs zeitweise verhinderten Rechtsanwalts kann nur einem Rechtsanwalt oder einem Rechtskundigen, welcher mindestens zwei Jahre im Vorbereitungsdienste[1] beschäftigt worden ist, übertragen werden.[2]

Insofern die Stellvertretung nicht von einem bei demselben Gerichte zugelassenen Rechtsanwalt übernommen wird, darf die Bestellung des Stellvertreters nur durch Anordnung der Landesjustizverwaltung[3] erfolgen.[4]

Auf die in Absatz 1 bezeichneten Stellvertreter, auch wenn dieselben nicht Rechtsanwälte sind, finden die Vorschriften des §. 143 Abs. 1, 2 der Civilprozeßordnung nicht Anwendung. Das Gleiche gilt für die im Justizdienste befindlichen Rechtskundigen, welche mindestens zwei Jahre im Vorbereitungsdienste beschäftigt worden sind, wenn sie einen Rechtsanwalt, ohne als dessen Stellvertreter bestellt zu sein, in Fällen vertreten,[5] in denen eine Vertretung durch einen Rechtsanwalt nicht geboten ist,[6] oder wenn sie unter Beistand des Rechtsanwalts die Ausführung der Parteirechte übernehmen.

[1] §. 2 G.V.G.

[2] Anzeige: §. 29. — Vertretung eines Vertheidigers: §. 139 St.P.O. — Der Rechtsanwalt ist berechtigt, für die von seinem Vertreter (im Sinne des §. 25) besorgten Rechtsangelegenheiten die Bezahlung derselben Gebühren, welche er bei eigener Vertretung der Sache zu fordern berechtigt sein würde, sowie die Erstattung

der durch die Vertretung der Rechtsangelegenheit an sich nothwendig gewordenen Auslagen zu beanspruchen. Auf die Erstattung der in einer solchen Stellvertretung entstandenen Gebühren und Auslagen findet §. 87 Abs. 2 C.P.O. Anwendung (Kom.Ber. 26). — Dies gilt für die Vertretung durch einen Rechtskundigen, welcher nicht Anwalt ist, nur dann, wenn er dem Rechtsanwalt durch die Landesjustizverwaltung als Vertreter beigeordnet ist. R.G. XIV, 394. Ebenso unter besonderer Begründung aus der Natur der Reisekosten (§. 78 G.O. f. R.A.) R.G. XXI, 348. Anders das Gutachten des Landgerichtspräsidenten X. zu X. v. 23./2. 83 und R.G. XV, 433. — Im Falle der Vertretung des Rechtsanwalts durch andere Personen, insbesondere durch Rechtskundige, welche noch nicht zwei Jahre im Vorbereitungsdienst beschäftigt gewesen sind, findet eine Vergütung nach Maßgabe der G.O. für R.A. nicht statt. R.G. X, 379 und das erwähnte Gutachten.

[3] Preußen: Verf. v. 19./4. 80 (J.M.Bl. 88), v. 19./4. 88 (J.M.Bl. 102) u. 3./10. 92 (J.M.Bl. 304). — Sachsen: Verordn. v. 30./3. 90 (Ges. u. Ver.Bl. 55) u. v. 12./4. 90 (J.M.Bl. 11).

[4] Neben dem ihm wegen der Verhinderung bestellten Vertreter darf er nicht selbst die Praxis ausüben. E.G.H. V, 80. — Stellvertretung der Anwälte beim Reichsgericht: Anm. 1 zu § 99.

[5] Als Unterbevollmächtigte.

[6] §§. 74, 75 C.P.O.

Zweiter Abschnitt.

Rechte und Pflichten der Rechtsanwälte.

Der Rechtsanwalt hat, obwohl er nicht Staatsbeamter ist, eine Stellung öffentlich-rechtlicher Natur. Seine Thätigkeit ist nicht ein Gewerbebetrieb, sondern ein staatlich geordneter, wissenschaftlicher Beruf (kein Amt. E.G.H. III, 18) im Dienste des Rechts und der öffentlichen Rechtspflege. R.G. XIV, 285. Ehrengerichtshof v. 29./1. 86 (J.M.Bl. 70). Erk. des Preuß. Oberverwaltungsgerichts v. 6./1. 88 (J.M.Bl. 37). — Vgl. auch §. 6 Reichs-Gewerbeordnung (R.G.Bl. 1883 S. 178). Preußen: §. 4 Nr. 7 Gewerbesteuergesetz v. 24./6. 91 (G. S. 207).

Im Allgemeinen.

26. Auf Grund der Zulassung bei einem Gericht[1] ist der Rechtsanwalt befugt, in den Sachen, auf welche die Strafprozeßordnung,[2] die Civilprozeßordnung[3] und die Konkursordnung Anwendung finden,[4] vor jedem Gericht innerhalb des Reichs Vertheidigungen zu führen,[5] als Beistand aufzutreten[6] und, insoweit eine Vertretung durch Anwälte nicht geboten ist,[7] die Vertretung zu übernehmen.[8]

[1] Und der hinzugekommenen Eintragung. §. 20 Abs. 3.

[2] §. 3 Abs. 1 E.G. zur St.P.O. §. 13 G.V.G. — Jedoch: §. 3 Abs. 3 E.G. zur St.P.O.

[3] §. 3 Abs. 1 E.G. zur C.P.O. §. 13 G.V.G. — Jedoch: §§. 11, 15 Nr. 2, 3 E.G. zur C.P.O.

[4] Ebenso in den den besonderen Gerichten überlassenen Rechtssachen, welche durch die Landesgesetzgebung bezw. durch Kaiserliche Verordnung den ordentlichen Gerichten gemäß §. 3 Abs. 1, 2 E.G. zum G.V.G. übertragen werden, sofern in denselben kein von der C.P.O. oder St.P.O. abweichendes Verfahren vorgeschrieben wird. §. 3 Abs. 2 E.G. zur C.P.O. §. 3 Abs. 2 E.G. zur St.P.O. Vergl. Bem. vor §. 103.

[5] §. 138 St.P.O.

[6] §. 86 C.P.O.

[7] §§. 74, 75 C.P.O.

[8] Ausnahme: §. 100 Abs. 2.

27. Insoweit eine Vertretung durch Anwälte geboten ist, kann nur ein bei dem Prozeßgerichte zugelassener Rechtsanwalt die Vertretung als Prozeßbevollmächtigter übernehmen.[1]

In der mündlichen Verhandlung, einschließlich der vor dem Prozeßgericht erfolgenden Beweisaufnahme, kann jedoch jeder Rechtsanwalt[2] die Ausführung der

Parteirechte und für den Fall, daß der bei dem Prozeßgerichte zum Prozeßbevollmächtigten bestellte Rechtsanwalt ihm die Vertretung überträgt,[3] auch diese übernehmen.[4]

[1] §. 74 C.P.O. — Ausnahme: §. 8 Abs. 1 E.G. zur C.P.O. — Die Mitunterzeichnung (Legalisirung) des Schriftsatzes durch einen beim Prozeßgericht zugelassenen Anwalt, welche erkennen läßt, daß derselbe den Schriftsatz nicht verfaßt hat, genügt nicht. Reichsgericht v. 12./6. 83 (Braun u. Blum VIII, 348).

[2] Mit Ausnahme des bei dem Reichsgericht zugelassenen. §. 100 Abs. 2.

[3] Mündlich vor dem Gericht oder durch schriftliche Urkunde. R.G. III, 404.

[4] Ausgenommen die Vertretung vor dem Reichsgericht. §. 101.

28. Der Rechtsanwalt ist verpflichtet,[1] seine Berufsthätigkeit gewissenhaft auszuüben[2] und durch sein Verhalten in Ausübung des Berufs sowie außerhalb desselben[3] sich der Achtung würdig zu zeigen, die sein Beruf erfordert.[4]

[1] §. 62. — Vgl. auch §§. 300, 352, 356 St.G.B.

[2] Er haftet der Partei für omnis culpa. R.G. X, 138. Vgl. auch Reichsgericht v. 11./10. 89 (Jur. Woch. 431). Solidarische Haftung gemeinschaftlich beauftragter Rechtsanwälte für das von einem von ihnen begangene Versehen (nach Preuß. Landrecht): Reichsgericht v. 15./11. 88 (Jur. Woch. 1889 S. 12). Haftung des Rechtsanwalts für Versehen seines Bureauvorstehers (nach Preuß. Landrecht): R.G. XIV, 283. Pflicht zur Ueberwachung der Ausführung seiner Anordnungen durch sein Bureaupersonal: E.G.H. III, 38.

[3] Vgl. Anm. 1 zu §. 64.

[4] „Nach den Intentionen der Rechtsanwaltsordnung soll aus §. 28 keine Beschränkung derjenigen öffentlichen oder politischen Thätigkeit abgeleitet werden, die jedem Bürger innerhalb der ge=

setzlichen Schranken zusteht. Dies setzt aber voraus, daß der Anwalt nicht in seiner Eigenschaft als solcher in Betracht kommt, daß die politische Thätigkeit außer Zusammenhang steht mit derjenigen, welche er als Organ der Rechtspflege auszuüben hat." E.G.H. III, 281.

29. Der Rechtsanwalt muß, wenn er sich über eine Woche hinaus von seinem Wohnsitze entfernen will, für seine Stellvertretung sorgen,[1] auch dem Vorsitzenden des Gerichts, bei welchem er zugelassen ist, sowie dem Amtsgericht, in dessen Bezirk er seinen Wohnsitz hat,[2] Anzeige machen und den Stellvertreter benennen.

[1] §. 25. [2] Wegen §. 144 St.P.O. und §. 34.

Gegen den Auftraggeber.[1]

[1] Die §§. 30 ff. gehen davon aus, daß das Rechtsverhältniß zwischen dem Anwalt und seinem Klienten nach den Grundsätzen vom Auftrag zu beurtheilen ist. Mot. 52. — Der Anwalt haftet der Staatskasse nicht für die Kosten. Verf. des Preuß. Justiz-Ministers v. 10./5. 80 (J.M.Bl. 103). Dazu Verf. v. 25./10. 83 (J.M.Bl. 331). Nach der Preußischen Stempelgesetzgebung haftet der Rechtsanwalt für den Stempel der von ihm produzirten Vollmacht persönlich. Reichsgericht v. 5./3. 88 (Rassow u. Küntzel XXXII, 708).

30. Der Rechtsanwalt, dessen Berufsthätigkeit in Anspruch genommen wird, ist verpflichtet, wenn er den Antrag nicht annimmt,[1] die Ablehnung ohne Verzug zu erklären, widrigenfalls er den durch die Verzögerung erwachsenen Schaden zu ersetzen hat.[2]

[1] Eine Verpflichtung zur Annahme besteht nicht, ebenso wenig eine Pflicht, für die Abwendung der dem Antragenden aus der Ablehnung drohenden Nachtheile thunlichst Sorge zu tragen. Mot. 53, 54. — Nimmt kein Anwalt an: §. 33.

[2] Als angenommen gilt das Mandat wegen der verzögerten Antwort nicht. Mot. 54.

31. Der Rechtsanwalt hat seine Berufsthätigkeit zu versagen:

1. wenn sie für eine pflichtwidrige Handlung in Anspruch genommen wird;[1]
2. wenn sie von ihm in derselben Rechtssache[2] bereits einer anderen Partei im entgegengesetzten Interesse gewährt ist;[3]
3. wenn er sie in einer streitigen Angelegenheit gewähren soll, an deren Entscheidung er als Richter theilgenommen hat.[4]

[1] Vgl. jedoch Anm. 4 zu §. 36.

[2] Nicht blos in demselben Prozesse: es genügt, daß es sich um dieselbe streitige Angelegenheit handelt. — Vgl. auch §. 356 St.G.B.

[3] Es ist dem Anwalt nicht verboten, seine berathende Berufsthätigkeit zwei Parteien, die ein entgegengesetztes Interesse haben, im Interesse beider zu gewähren; er darf nur nicht der einen Partei in dem der anderen entgegengesetzten Interesse dienen. R.G. XIV, 379. — Der Rechtsanwalt darf nicht Prozesse gegen eine Partei führen, deren Generalbevollmächtigter er ist. E.G.H. IV, 298.

[4] Nicht unbedingt, weil er als Zeuge vernommen oder geladen ist. E.G.H. V, 72. Reichsgericht v. 20./10. 91 (Jur. Woch. 546).

32. Der Rechtsanwalt ist nicht verpflichtet,[1] vor Empfang seiner Auslagen und Gebühren die Handakten[2] dem Auftraggeber herauszugeben.

Die Pflicht zur Aufbewahrung der Handakten erlischt mit Ablauf von fünf Jahren nach Beendigung des Auftrags und schon vor Beendigung dieses Zeitraums, wenn der Auftraggeber, zur Empfangnahme der Handakten aufgefordert, sie nicht binnen sechs Monaten nach erhaltener Aufforderung in Empfang genommen hat.

[1] Auch nicht gegen den zum Armenrecht zugelassenen Auftraggeber. §. 116 C.P.O. — Die Frage, ob und unter welchen Umständen der Anwalt gegen oder nach Empfang der Auslagen und Gebühren die Handakten dem Auftraggeber herauszugeben habe, ist nach Landesrecht zu beantworten. — Wegen der Frage, ob ein Anspruch auf Herausgabe der Handakten den Gerichtsstand des §. 24 C.P.O. begründet vgl. R.G. XXIV, 415.

[2] In die Handakten hat der Rechtsanwalt aufzunehmen die Schriftstücke: a. welche ihm von seinem Auftraggeber zum Zweck der Ausführung des Mandats anvertraut sind; b. welche auf Grund der Ausführung des Mandats in seine Hände gelangt sind; c. welche zum Zwecke der Ausführung des Mandats von ihm hergestellt sind. Mot. 60.

33. Außer den in der Civilprozeßordnung bezeichneten Fällen[1] hat das Prozeßgericht, insoweit eine Vertretung durch Anwälte geboten ist, einer Partei auf Antrag einen Rechtsanwalt zur Wahrnehmung ihrer Rechte beizuordnen, wenn die Partei einen zu ihrer Vertretung geneigten Anwalt nicht findet[2] und die Rechtsverfolgung oder Rechtsvertheidigung nicht muthwillig oder aussichtslos erscheint.[3]

[1] Armenrecht im Anwaltsprozeß §. 107 Nr. 3; Klage auf Anfechtung oder Wiederaufhebung der Entmündigung: §§. 609, 620, 626 C.P.O.

[2] Die Aufwendung vergeblicher Bemühungen ist glaubhaft zu machen. Reichsgericht v. 20./12. 84 (Jur. Woch. 72).

[3] §. 38.

34. Einer Partei, welcher das Armenrecht bewilligt ist, kann auch, insoweit eine Vertretung durch Anwälte

nicht geboten ist, zur vorläufig unentgeltlichen Wahrnehmung ihrer Rechte von dem Prozeßgericht ein Rechtsanwalt auf Antrag beigeordnet werden.[1]

[1] Sofern nämlich bei dem Gericht zugelassene Anwälte vorhanden sind. Kom. Ber. 30.

35. Gegen die Entscheidung, durch welche die Beiordnung eines Rechtsanwalts abgelehnt wird, steht der Partei die Beschwerde nach Maßgabe der Civilprozeßordnung[1] zu.

[1] §§. 530 ff. C.P.O. — Die Einlegung kann durch Erklärung zum Protokoll des Gerichtsschreibers erfolgen. §. 532 Abs. 2 C.P.O. R.G. VI, 392.

36. Die Auswahl eines beizuordnenden Rechtsanwalts erfolgt durch den Vorsitzenden des Gerichts aus der Zahl der bei diesem zugelassenen Rechtsanwälte.[1]

Gegen die Verfügung steht der Partei und dem Rechtsanwalte[2] die Beschwerde nach Maßgabe der Civilprozeßordnung[3] zu.[4]

[1] Der beigeordnete Anwalt haftet der Partei für die ordnungsmäßige Ausführung des Auftrags in gleichem Maße, wie ein von ihr selbst bevollmächtigter. Reichsgericht v. 20./4. 83 (Braun u. Blum VIII, 87).

[2] Die Beschwerde gegen die Auswahl steht dem Anwalt auch dann zu, wenn die Gründe erst nach der Beiordnung entstanden sind. Reichsgericht v. 14./2. 87 (Rassow u. Küntzel XXXIII, 1187). Die Beschwerde kann nicht blos auf §. 36, sondern auch auf andere Gründe der Zweckmäßigkeit und Billigkeit gestützt werden. Reichsgericht v. 30./3. 87 (Jur. Woch. 190).

[3] §§. 530 ff. C.P.O. — Der Vorsitzende, dessen Verfügung angefochten wird, oder das Beschwerdegericht kann anordnen, daß die

Vollziehung der angegriffenen Entscheidung auszusetzen sei. §. 535 C.P.O.

[4] Der Preuß. Justizminister erachtet den beigeordneten Anwalt nicht für befugt, selbständig die Vertretung um deswillen zu verweigern, weil er die Rechtsverfolgung für aussichtslos hält. Verf. v. 1./5. 80 (Rassow u. Küntzel XXIV, 772). Ebenso R.G. XV, 341. Der Ehrengerichtshof erachtet ihn dazu für berechtigt, vorausgesetzt, daß die Ansicht des Anwalts auf sorgfältiger Prüfung beruht. E.G.H. I, 116, III, 120. Diese Meinung erscheint bedenklich.

37. Die Mehrkosten, welche bei der Vertretung einer armen Partei durch den ihr beigeordneten Rechtsanwalt dadurch entstehen, daß der letztere seinen Wohnsitz nicht am Orte des Gerichts hat, ist die Gegenpartei zu erstatten nicht verpflichtet. [1]

[1] §. 18 Abs. 5. — Die arme Partei muß im Falle des §. 116 C.P.O. dem ihr beigeordneten Anwalt auch diese Kosten zahlen.

38. Im Falle des §. 33 kann der beigeordnete Rechtsanwalt die Uebernahme der Vertretung davon abhängig machen, daß ihm ein nach den Vorschriften der Gebührenordnung zu bemessender Vorschuß gezahlt wird.

39. Für die Verpflichtung des Rechtsanwalts, in Strafsachen die Vertheidigung zu führen, sind die Bestimmungen der Strafprozeßordnung [1] maßgebend.

In denjenigen Fällen, in welchen nach §. 144 der Strafprozeßordnung die Bestellung des Vertheidigers durch den Vorsitzenden des Landgerichts oder den Amtsrichter zu erfolgen hat, stehen den am Sitze des Gerichts wohnhaften Rechtsanwälten die innerhalb des Bezirks desselben wohnhaften und bei demselben zugelassenen [2] gleich. Auf Reisekosten und Tagegelder für die Reise nach dem Sitze des Gerichts haben dieselben keinen Anspruch.

Ein nach §. 12 widerruflich zugelassener Rechtsanwalt kann in Ermangelung von Rechtsanwälten, welche im Bezirke des Gerichts wohnhaft sind, in den Fällen des §. 144 der Strafprozeßordnung zum Vertheidiger bestellt werden.

[1] §§. 140—144 St.P.O. — Ausnahme: §. 100 Abs. 2. — Beschwerde: §. 346 St.P.O.

[2] §§. 9, 11, 18 Abs. 3. u. 4, §. 107 Abs. 2.

Vorbereitungsdienst bei Rechtsanwälten.

40. Der Rechtsanwalt ist verpflichtet, den im Vorbereitungsdienste[1] bei ihm beschäftigten Rechtskundigen[2] Anleitung und Gelegenheit zu praktischen Arbeiten zu geben.

[1] §. 2 Abs. 3 G.V.G.

[2] Ein solcher ist Gehülfe des Rechtsanwalts im Sinne des §. 168 Abs. 2 C.P.O. R.G. IV, 427.

Dritter Abschnitt.

Anwaltskammern.

Die Anwaltskammer ist als solche befugt, selbständig Vermögen zu erwerben und vor Gericht aufzutreten. §. 49 Nr. 5, §. 57 Abs. 2.

Die von der Kammer festzustellende Geschäftsordnung hat innerhalb der vom Gesetz gezogenen Grenzen die Punkte zu regeln, welche zur Ausführung der Vorschriften dieses Abschnitts erforderlich sind. Vgl. §§. 42, 44, 46, 52, 53, 54, 67. — Eine Zusammenstellung der bestehenden Geschäftsordnungen enthält die Beilage zu Nr. 7 der Jur. Woch. v. 1881.

41. Die innerhalb des Bezirks eines Oberlandesgerichts zugelassenen Rechtsanwälte[1] bilden eine Anwaltskammer.

Die Kammer hat ihren Sitz am Orte des Oberlandesgerichts.[2]

[1] Einschließlich der bei dem obersten Landesgericht zugelassenen. §. 105. — Anders bei dem Reichsgericht: §. 102.

[2] Vgl. jedoch §. 52 Abs. 2 Satz 3.

Vorstand.

42. Die Kammer hat einen Vorstand von neun Mitgliedern.[1]

Durch die Geschäftsordnung[2] kann die Zahl der Mitglieder bis auf fünfzehn erhöht werden.[3]

[1] Ob und wieviele Vorstandsmitglieder am Sitz des Oberlandesgerichts wohnhaft sein müssen, bestimmt die Geschäftsordnung. Mot. 67. Kom. Ber. 34.

[2] Es wird nicht unbedingt vorausgesetzt, daß eine schriftlich redigirte Geschäftsordnung vorliege. E.G.H. I, 19.

[3] Stellvertreter werden nicht gewählt. — Ersatzwahlen: §. 44 Abs. 2.

43. Der Vorstand wird durch die Kammer gewählt.

Wählbar sind die Mitglieder der Kammer.

Nicht wählbar sind:

1. diejenigen, welche in Folge gerichtlicher Anordnung in der Verfügung über ihr Vermögen beschränkt sind;[1]
2. diejenigen, gegen welche im ehrengerichtlichen Verfahren oder wegen einer strafbaren Handlung, welche die Unfähigkeit zur Bekleidung öffentlicher Aemter zur Folge haben kann,[2] die öffentliche Klage[3] erhoben ist;

3. diejenigen, gegen welche im ehrengerichtlichen Verfahren auf Verweis oder auf Geldstrafe von mehr als einhundertfünfzig Mark erkannt ist, auf die Dauer von fünf Jahren nach der Rechtskraft des Urtheils.[4]

Verliert ein Mitglied des Vorstandes die Wählbarkeit, so scheidet dasselbe aus dem Vorstande.

[1] §§. 593, 621 C.P.O. §§. 98, 100 K.O. — §. 5 Nr. 3, §. 22.
[2] §§. 31, 33—35 St.G.B. [3] §. 168 St.P.O.
[4] §. 63 Nr. 2, 3. — Oder nach den bisherigen Gesetzen auf Suspension, Dienstsperre. §. 116.

44. Die Wahl des Vorstandes[1] erfolgt auf vier Jahre, jedoch mit der Maßgabe, daß alle zwei Jahre die Hälfte der Mitglieder, bei ungerader Zahl zum ersten Male die größere Zahl ausscheidet. Die zum ersten Mal Ausscheidenden werden durch das Loos bestimmt.

Eine Ersatzwahl[2] für ein vor dem Ablaufe der Wahlperiode ausscheidendes Mitglied erfolgt für den Rest derselben.

[1] Den Zeitpunkt bestimmt die Geschäftsordnung. Mot. 69.
[2] Ob es einer solchen bedarf, unterliegt dem Ermessen des Vorstandes. Mot. 69. Vgl. §. 42 Abs. 1, §. 55 Abs. 1.

45. Die Wahl zum Mitgliede des Vorstandes darf ablehnen:

1. wer das fünfundsechszigste Lebensjahr vollendet hat;
2. wer die letzten vier Jahre Mitglied des Vorstandes gewesen ist, für die nächsten vier Jahre.

Das freiwillige Ausscheiden eines Mitgliedes bedarf der Zustimmung des Vorstandes.

46. Der Vorstand wählt[1] aus seiner Mitte einen Vorsitzenden,[2] einen stellvertretenden Vorsitzenden,[3] einen Schriftführer[4] und einen stellvertretenden Schriftführer.[5]

[1] §. 54 Abs. 1, 2. — Das bei der Wahl einzuhaltende Verfahren und die Zeit, für welche die Wahl erfolgt, bestimmt die Geschäftsordnung. Mot. 70, 74.

[2] Funktionen: §. 52 Abs. 1, §§. 56, 57 Abs. 1, §§. 61, 67, 94 Abs. 2. [3] §. 67.

[4] Er ist zugleich Kassenführer. Funktionen: §§. 56, 57 Abs. 2, §§. 94 Abs. 4, 95—97.

[5] Und die Mitglieder des Ehrengerichts: §. 67.

47. Das Ergebniß der Wahlen wird der Landesjustizverwaltung und dem Oberlandesgericht angezeigt und von dem letzteren auf Kosten der Anwaltskammer durch den Deutschen Reichsanzeiger bekannt gemacht.

Geschäftskreis.

48. Der Kammer liegt ob:

1. die Feststellung der Geschäftsordnung[1] für die Kammer und den Vorstand;
2. die Bewilligung der Mittel zur Bestreitung des für die gemeinschaftlichen Angelegenheiten erforderlichen Aufwandes und die Bestimmung des Beitrages der Mitglieder;
3. die Prüfung und Abnahme der seitens des Vorstandes zu legenden Rechnung.

[1] Vgl. Bem. vor §. 41.

49. Der Vorstand hat
1. die Aufsicht über die Erfüllung der den Mitgliedern der Kammer obliegenden Pflichten zu üben[1] und die ehrengerichtliche Strafgewalt zu handhaben;[2]
2. Streitigkeiten unter den Mitgliedern der Kammer auf Antrag zu vermitteln;[3]
3. Streitigkeiten aus dem Auftragsverhältnisse zwischen einem Mitgliede der Kammer und dem Auftraggeber auf Antrag des letzteren zu vermitteln;[4]
4. Gutachten, welche von der Landesjustizverwaltung,[5] sowie solche, welche in Streitigkeiten zwischen einem Mitgliede der Kammer und seinem Auftraggeber von den Gerichten erfordert werden, zu erstatten;
5. das Vermögen der Kammer zu verwalten und derselben über die Verwaltung jährlich Rechnung zu legen.

Der Vorstand kann die in Nr. 2, 3 bezeichneten Geschäfte einzelnen seiner Mitglieder übertragen.[6]

[1] Er ist befugt — vor Einleitung der ehrengerichtlichen Klage E.G.H. IV, 239 —, im Aufsichtswege Mißbilligungen über das Verhalten von Rechtsanwälten auszusprechen und Ermahnungen zu ertheilen. Beschl. des Kammergerichts v. 13./12. 86 (J.M.Bl. 95). — Durch solche Mißbilligung wird die demnächstige Bestrafung im ehrengerichtlichen Verfahren nicht ausgeschlossen. E.G.H. IV, 65.

[2] § 67.

[3] Mögen dieselben in Veranlassung der Ausübung der Berufsthätigkeit entstanden sein, oder nicht.

[4] Bayern: Art. 86 Ges. v. 23./2. 79 (Ges. u. Ver.Bl. 63).

[5] §§. 3, 5 Nr. 4—6, §. 9.
[6] Zwangsmittel des Vorstandes bei Ausübung seiner Thätigkeit: §. 58.

50. Der Vorstand sowie die Kammer ist berechtigt, Vorstellungen und Anträge, welche das Interesse der Rechtspflege oder der Rechtsanwaltschaft betreffen, an die Landesjustizverwaltung zu richten.

Geschäftsführung.

51. Die Geschäfte des Vorstandes werden von den Mitgliedern unentgeltlich geführt; baare Auslagen werden ihnen erstattet.[1]

[1] Reisekosten in Höhe der baar verlegten Beträge.

52. Der Vorsitzende beruft die Versammlungen der Kammer und des Vorstandes und führt in beiden den Vorsitz.

Die Berufung der Kammer muß erfolgen, wenn zehn Mitglieder derselben, die Berufung des Vorstandes, wenn zwei Mitglieder desselben unter Angabe des zu verhandelnden Gegenstandes schriftlich darauf antragen. Durch die Geschäftsordnung kann die Zahl der Mitglieder, auf deren Antrag die Berufung der Kammer erfolgen muß, erhöht werden. Die Kammer kann auf Beschluß des Vorstandes an jeden innerhalb des Oberlandesgerichtsbezirks belegenen Ort, welcher der Sitz eines Landgerichts ist, berufen werden.

53. Die Versammlungen der Kammer[1] werden mittels öffentlicher Bekanntmachung in den durch die Geschäftsordnung bestimmten Blättern oder mittels schriftlicher Einladung der Mitglieder berufen. Die

Berufung des Vorstandes erfolgt mittels schriftlicher Einladung.

Die öffentliche Bekanntmachung muß spätestens am fünften Tage vor der Versammlung erfolgen.

Die schriftliche Einladung von Mitgliedern, welche nicht am Sitze der Kammer wohnen, gilt als bewirkt, wenn das Einladungsschreiben spätestens am fünften Tage vor der Versammlung eingeschrieben zur Post gegeben ist.

Bei der Berufung der Kammer[2] muß der Gegenstand, über welchen in der Versammlung ein Beschluß gefaßt werden soll, bekannt gemacht werden. Ueber andere Gegenstände, mit Ausnahme des Antrags auf abermalige Berufung der Kammer, darf ein Beschluß nicht gefaßt werden.

[1] Ob diese öffentlich sind, oder nicht, bestimmt die Geschäftsordnung. Mot. 73.

[2] Nicht auch des Vorstandes.

54. Die Beschlüsse der Kammer und des Vorstandes werden nach absoluter Stimmenmehrheit gefaßt.[1] Das Gleiche gilt für die Wahlen.[2]

Im Falle der Stimmengleichheit entscheidet die Stimme des Vorsitzenden, bei Wahlen das Loos.

Die bei einer Angelegenheit betheiligten Mitglieder sind von der Beschlußfassung über dieselbe ausgeschlossen.

[1] Das bei der Abstimmung einzuhaltende Verfahren regelt die Geschäftsordnung. Mot. 74. [2] §. 46.

55. Zur Beschlußfähigkeit des Vorstandes ist die Theilnahme der Mehrheit der Mitglieder erforderlich.[1]

Die Beschlüsse des Vorstandes können mittels schriftlicher Abstimmung gefaßt werden, sofern nicht ein Mitglied mündliche Abstimmung verlangt.

[1] D. h. der in §. 42 vorgeschriebenen Mitgliederzahl, auch wenn Stellen erledigt sind.

56. Ueber die in einer Versammlung[1] gefaßten Beschlüsse und die Ergebnisse der Wahlen ist ein Protokoll aufzunehmen, welches von dem Vorsitzenden und dem Schriftführer zu unterzeichnen ist.

[1] Der Kammer oder des Vorstandes.

57. Der Vorsitzende hat den geschäftlichen Verkehr der Kammer und des Vorstandes zu vermitteln, die Beschlüsse derselben zur Ausführung zu bringen und die Urkunden im Namen derselben zu vollziehen.

Die Kassengeschäfte liegen dem Schriftführer ob; er ist zur Empfangnahme von Geld berechtigt und vertritt die Kammer in Prozessen.

58. Die Mitglieder der Kammer haben auf die in Gemäßheit des §. 49 Abs. 1 Nr. 1 bis 3 und Abs. 2 ergehenden Ladungen zu erscheinen, die verlangten Aufschlüsse zu ertheilen und den zu diesem Zwecke erlassenen Anordnungen Folge zu leisten.

Zur Erzwingung einer solchen Anordnung können Geldstrafen[1] bis zum Gesammtbetrage von dreihundert Mark festgesetzt werden.[2] Der Festsetzung einer Strafe muß deren schriftliche Androhung vorangehen.

Gegen die Anordnungen oder Straffestsetzungen eines

beauftragten Mitgliedes des Vorstandes findet Beschwerde[3] an den Vorstand statt.

[1] Vgl. §. 97.

[2] Ehrengerichtliche Bestrafung (§. 63) ist nicht ausgeschlossen. Mot. 75. E.G.H. IV, 87, 282. V, 212.

[3] Hierauf finden die §§. 530 ff. C.P.O. §§. 346 ff. St.P.O. nicht Anwendung.

59. Die Aufsicht über den Geschäftsbetrieb des Vorstandes steht dem Präsidenten des Oberlandesgerichts zu.[1] Derselbe entscheidet über Beschwerden, welche den Geschäftsbetrieb des Vorstandes betreffen. Für die Aufsicht und die Beschwerden sind die landesgesetzlichen Vorschriften maßgebend, welche die Aufsicht und die Beschwerden über den Geschäftsbetrieb der Gerichte regeln.[2]

Gesetzwidrige Beschlüsse oder Wahlen der Kammer oder des Vorstandes können von dem Oberlandesgericht[3] aufgehoben werden.[4]

[1] Die Aufsicht bezieht sich nur darauf, daß der Vorstand in formeller Beziehung die ihm obliegenden Geschäfte betreibt; einer Kritik in materieller Beziehung durch den Präsidenten des O.L.G. unterliegt der Vorstand nicht. Mot. 76.

[2] Preußen: §. 78 Nr. 1, §. 85 Ges. v. 24./4. 78 (Ges.-Samml. 230), §. 23 Abs. 1 Ges. v. 9./4. 79 (Ges.-Samml. 345).

[3] Ob vom Plenum oder einem Senat, bestimmt die Landesjustizverwaltung. Mot. 76.

[4] Etwas anderes darf das O.L.G. nicht an deren Stelle setzen. Mot. 76. — Gegen die Entscheidung des O.L.G. findet Beschwerde nicht statt, auch nicht an die vorgesetzte Justizverwaltungsbehörde. Verf. des Preuß. Just. Min. v. 9./6. 82 (Jur. Woch. 185).

60. Die Verhandlungen und Erlasse der Kammer

und des Vorstandes, sowie die an dieselben gerichteten Erlasse und Eingaben sind, soweit dieselben nicht eine Beurkundung von Rechtsgeschäften enthalten, frei von Gebühren und Stempeln.

61. Der Vorsitzende hat jährlich der Landesjustizverwaltung und dem Oberlandesgericht einen schriftlichen Bericht über die Thätigkeit der Kammer und des Vorstandes zu erstatten.[1]

[1] Elsaß-Lothringen: Verf. v. 1./8. 80 (Samml. v. Ges. 2c. der Just. Verw. Bd. 5 S. 222).

Vierter Abschnitt.

Ehrengerichtliches Verfahren.

Befugniß der Gerichte zur Verhängung von Ordnungsstrafen gegen Rechtsanwälte: §§. 180, 182 G.V.G.

Soweit Rechtsanwälte nach den Landesgesetzen in Sachen, auf welche die Civilprozeßordnung, Strafprozeßordnung, Konkursordnung nicht anwendbar sind, vor Gerichten und anderen Behörden thätig werden dürfen, richtet sich die Befugniß der letzteren zur Ertheilung von Rügen und Verhängung von Ordnungsstrafen gegen die Rechtsanwälte nach den Landesgesetzen. Mot. 77.

I. Zulässigkeit und Strafen.

62. Ein Rechtsanwalt, welcher die ihm obliegenden Pflichten (§. 28) verletzt, hat die ehrengerichtliche Bestrafung[1] verwirkt.[2]

[1] Für das ganze im Verfahren festgestellte Verhalten ist, auch wenn verschiedene, an sich selbständige Handlungen vorliegen, eine Strafe auszusprechen. E.G.H. V, 121.

[2] Guter Glaube, irrige Rechtsauffassung dienen nur dann zur Entschuldigung, wenn sie nicht selbst auf Fahrlässigkeit beruhen. E.G.H. III, 160, 264, IV, 155, 162. — Beispiele aus den ver-

urtheilenden Entscheidungen des Ehrengerichtshofs (E.G.H.): Verstöße beim allgemeinen Geschäftsbetrieb: Oeffentliches Anbieten der Dienste unter Zusicherung billiger Bedienung III, 115, V, 169. Werben um Praxis durch besoldete Agenten, Winkelkonsulenten, Gerichtsvollzieher I, 194, II, 91, 96, III, 54, 291, 293, 299, IV, 19, 20, 196, V, 161, 163. Tantièmevertrag mit dem Bureauvorsteher II, 69, III, 88, 117, IV, 205, V, 49. Ankündigung, die Praxis verkaufen zu wollen. II, 7. Verstöße gegen die Klienten: Eigenmächtigkeit bei Aufstellung von Behauptungen im Prozesse V, 38, bei Anstellung der Klage, Einlegung von Rechtsmitteln, Abschluß von Vergleichen V, 179, 182, 188, Nichtbeantwortung von Anfragen der Mandanten III, 212. Täuschung des Mandanten II, 72, III, 152, 188, IV, 297. Fahrlässige Anstellung einer völlig unbegründeten Klage IV, 79. Ueberlassung der Vertretung an den Bureauvorsteher ohne genügende Controle IV, 201. Verschleppung des Prozesses I, 102, III, 186, 222, IV, 192, V, 100, 101, 106, 108. Fristversäumung I, 103, 136, III, 174, 203, IV, 188. Nachlässigkeit bei der Verwaltung eines Konkurses V, 110, einer Pflegschaft V, 119, einer Vormundschaft V, 200. Verzögerte Ablieferung eingegangener Gelder I, 200, III, 48, 213, 220, IV, 187, 300, oder zurückzuzahlender Vorschüsse IV, 282. Verwendung anvertrauter Gelder in dem eigenen Nutzen V, 201. Verzögerte Rechnungslegung V, 117, 176. Verstöße im Gebührenwesen: Erhebung zu hoher Gebühren, sofern Ausfluß mangelnder Gewissenhaftigkeit II, 55, IV, 62, 253, V, 24, 122. Ueberlassung der Liquidationen lediglich an den Bureauvorsteher V, 117, 120. Vereinbarung übermäßigen Honorars III, 250. Pactum de quota litis V, 74. Gebührenhäufung durch unnöthige Vermehrung gebührenpflichtiger Akte III, 92. Erhöhte Gebührenforderung ohne spezielle Berechnung der gesetzlichen Gebühren V, 114. Gebührennachlaß behufs Erweiterung der Praxis IV, 151, V, 131. Verlangen eines Auslagen-Vorschusses von der armen Partei V, 56, Zurückbehaltung von Gebühren aus den für die arme Partei eingegangenen Geldern bei Fortdauer der Voraussetzungen des Armenrechts IV, 157. 164. Sicherung der Gebührenforderung durch simulirtes Rechtsgeschäft V, 145, 177. Verstöße gegen Gerichtspersonen und Berufsgenossen: Herausforderung des Gerichtsvorsitzenden zum Zweikampf wegen amtlicher Handlungen I, 140, Beleidigung von Mitgliedern des Gerichts IV, 88, 129, und der Staatsanwaltschaft III, 270, IV, 219, 227, von Berufsgenossen vor Gericht III, 283, 285, 289, oder im schriftlichen Verkehr IV, 18, 254. (Aufrechnung wechselseitiger Beleidigungen ist ausgeschlossen IV, 18, 254.) Verstöße gegen den Kammervorstand: säumige Erledigung seiner Verfügungen IV, 86, V, 212, unwahre Angabe auf seine Anfragen IV, 190, Beleidigung desselben IV, 199. Verstöße als Vertheidiger: Leichtfertige Anträge IV, 206. Vermittelung eines verbotenen Verkehrs von Untersuchungsgefangenen II, 80, 84, III. 64. Wahrheitswidrige Ableugnung des Besitzes eines Schriftstücks V, 59. Mittheilung von nicht zur Veröffentlichung bestimmten Thatsachen aus den eingesehenen Untersuchungsacten an Dritte I, 130, IV, 213. Zuwiderhandlungen gegen die Zwecke der Rechtspflege: Anstiftung eines Gerichtsvollziehers zu falscher Beurkundung II, 5. Zusicherung einer Vergütung an den mit der Zwangsvollstreckung beauftragten Gerichtsvollzieher IV, 267. Beeinflussung von Zeugen I, 218, V, 203. Behauptung wissentlich unwahrer Thatsachen in Prozeßschriften IV, 24, 27, 97. Mitwirkung bei einem Scheinprozeß IV, 298, beim Abschluß rechtlich oder sittlich verwerflicher Geschäfte II, 88, III, 46, IV, 270. Abhalten vom Mitbieten bei einer Zwangsversteigerung V, 215. Verstöße im Privatleben: Leichtsinniges Schuldenmachen I, 219, II, 112, IV, 278, 281, V, 212. Geschlechtliche Unsittlichkeit IV, 274, 278, V. 50, 159, Trunksucht V, 190. Aergerniß erregendes Benehmen in öffentlichen Localen I, 227, 228, III, 308.

63. Die ehrengerichtlichen Strafen sind:

1. Warnung;
2. Verweis;
3. Geldstrafe bis zu dreitausend Mark;[1]
4. Ausschließung von der Rechtsanwaltschaft.

Geldstrafe kann mit Verweis verbunden werden.[2]

[1] Geldstrafe bis 150 Mark ist eine niedrigere Strafe als Verweis §. 6 Nr. 3, §. 15 Nr. 1. E.G.H. V, 161.

[2] Verhältniß der bisher zulässigen Strafen zu diesen: §. 116.

64. Wegen Handlungen, welche ein Rechtsanwalt vor seiner Zulassung begangen hat, ist ein ehrengerichtliches Verfahren nur dann zulässig, wenn jene Handlungen die Ausschließung von der Rechtsanwaltschaft begründen.[1]

[1] §. 5 Nr. 5. Anm. 1 zu §. 21. — Ein Rechtsanwalt kann wegen solcher Handlungen, die er als Offizier begangen und wegen deren er kriegsgerichtlich bestraft worden ist, nochmals als Rechtsanwalt mit ehrengerichtlicher Strafe belegt werden, E.G.H. II, 67; ebenso ein Rechtsanwalt und Notar wegen Handlungen, die er als Notar begangen und die bereits zu seiner Disziplinarbestrafung als Notar geführt haben. E.G.H. I, 206, III, 100. Doch hat die Disziplinar-Entlassung aus dem Amt als Notar nicht von selbst und nicht unbedingt die Ausschließung aus der Rechtsanwaltschaft zur Folge. E.G.H. IV, 133.

65. Ist gegen einen Rechtsanwalt wegen einer strafbaren Handlung die öffentliche Klage erhoben,[1] so ist während der Dauer des Strafverfahrens wegen der nämlichen Thatsachen das ehrengerichtliche Verfahren nicht zu eröffnen und, wenn die Eröffnung stattgefunden hat, auszusetzen.[2]

Ist im Strafverfahren auf Freisprechung erkannt,[3] so findet wegen derjenigen Thatsachen, welche in diesem zur Erörterung gekommen sind, ein ehrengerichtliches Verfahren nur insofern statt, als dieselben an sich und unabhängig von dem Thatbestand einer im Strafgesetze vorgesehenen Handlung die ehrengerichtliche Bestrafung begründen.[4]

Ist im Strafverfahren eine Verurtheilung ergangen, welche die Unfähigkeit zur Ausübung der Rechtsanwaltschaft nicht zur Folge hat, so beschließt das Ehrengericht, ob außerdem das ehrengerichtliche Verfahren zu eröffnen oder fortzusetzen sei.[5]

Kann im Strafverfahren eine Hauptverhandlung nicht stattfinden, weil der Angeklagte abwesend ist,[6] so findet die Vorschrift des Absatzes 1 keine Anwendung.[7]

[1] §. 168 St.P.O. — Ist Privatklage erhoben, so hängt die Aussetzung des ehrengerichtlichen Verfahrens vom Ermessen des Ehrengerichts ab.

[2] Vgl. §. 77 R.Ges. v. 31./3. 73 (R.G.B. 75).

[3] Dem Einstellungsbeschluß wohnt eine maßgebende Bedeutung für das ehrengerichtliche Verfahren nicht bei. E.G.H. IV, 78. — Vgl. auch Anm. 1 zu §. 7.

[4] Strafgerichtliche Freisprechung wegen Unterschlagung von Geldern des Mandanten und ehrengerichtliche Verurtheilung wegen unordentlicher Verwaltung. E.G.H. IV, 121, V, 201.

[5] Vgl. §. 78 R.Ges. v. 31./3. 73 (R.G.B. 75). — Maßgebende Bedeutung der Feststellungen des verurtheilenden strafgerichtlichen Erkenntnisses für das ehrengerichtliche Verfahren: E.G.H. III, 73, 75, IV, 145, des wegen anderer Amtsstellung ergangenen Disziplinarerkenntnisses: E.G.H. II, 34, IV, 134, 302, V, 194.

[6] §§. 318, 319 St.P.O.

[7] Vgl. alsdann §. 83.

II. Verfahren.

66. Insoweit nicht aus den nachfolgenden Bestimmungen Abweichungen sich ergeben, finden auf das ehrengerichtliche Verfahren die Vorschriften der Strafprozeßordnung über das Verfahren in den zur Zuständigkeit der Landgerichte gehörigen Strafsachen und die Vorschriften der §§. 156 Nr. II,[1] 177,[2] 186 bis 200[3] des Gerichtsverfassungsgesetzes entsprechende Anwendung.

[1] Fälle der Ausschließung des Gerichtsvollziehers.

[2] Aufrechterhaltung der Ordnung in den Sitzungen durch den Vorsitzenden.

[3] Gerichtssprache, Berathung und Abstimmung.

Besetzung des Ehrengerichts.

67. Der Vorstand entscheidet im ehrengerichtlichen Verfahren als Ehrengericht in der Besetzung von fünf Mitgliedern. Dasselbe besteht aus dem Vorsitzenden, dem stellvertretenden Vorsitzenden und drei anderen Mitgliedern des Vorstandes.[1] Der Vorstand wählt die letzteren[2] und bestimmt die Reihenfolge, in welcher die übrigen Mitglieder als Stellvertreter zu berufen sind.

[1] Bei Behinderung des Vorsitzenden und des stellvertretenden Vorsitzenden treten die übrigen Mitglieder als Stellvertreter ein. E.G.H. II, 28.

[2] Auf wie lange Zeit, bestimmt die Geschäftsordnung. — Zuziehung von Ergänzungsrichtern: §. 194 Abs. 2 G.V.G.

Zuständigkeit.

68.[1] Zuständig ist das Ehrengericht der Kammer, welcher der Angeschuldigte zur Zeit der Erhebung der Klage angehört.[2]

[1] An Stelle von §§. 7–13 St.P.O.

[2] Das anhängige ehrengerichtliche Verfahren geht fort, auch wenn der Rechtsanwalt während desselben die Zulassung aufgiebt oder wenn die Zulassung zurückgenommen wird und demzufolge seine Löschung in der Liste erfolgt. Vgl. §. 5 Nr. 2. §. 6 Nr. 3. Mot. 86. E.G.H. II, 5, III, 5, 16, IV, 8, V, 10.

Voruntersuchung.[1]

[1] §§. 168—175, 177, 179, 183, 185—195 St.P.O.

69. Der Antrag auf Eröffnung der Voruntersuchung kann von dem Ehrengerichte sowohl aus rechtlichen, als aus thatsächlichen Gründen abgelehnt werden.[1]

Gegen den ablehnenden Beschluß steht der Staatsanwaltschaft die sofortige Beschwerde[2] zu.[3]

Gegen den die Voruntersuchung eröffnenden Beschluß steht dem Angeschuldigten die Beschwerde[4] nur wegen Unzuständigkeit des Ehrengerichts zu.

[1] An Stelle des §. 178 St.P.O.

[2] An das Oberlandesgericht. §. 89. — §. 353 St.P.O. — Ausnahme: §. 70.

[3] An Stelle des §. 181 St.P.O.

[4] Sie ist die sofortige Beschwerde: §. 180 St.P.O., an das Oberlandesgericht: §. 89.

70.[1] Das Ehrengericht kann beschließen, daß ohne Voruntersuchung das Hauptverfahren zu eröffnen sei.

Beschwerde findet nicht statt.

[1] An Stelle des §. 178 St.P.O.

71.[1] Mit der Führung der Voruntersuchung wird ein Richter durch den Präsidenten des Oberlandesgerichts beauftragt.[2]

[1] An Stelle des §. 182 St.P.O.

[2] Für die Gebühren der in der Voruntersuchung vernommenen Zeugen und Sachverständigen haftet die Staatskasse: §§. 70, 72 St.P.O. Die Kasse der Anwaltskammer erstattet ihr dieselben: §. 94 Abs. 3.

72. Die Verhaftung und vorläufige Festnahme sowie die Vorführung des Angeschuldigten ist unzulässig.[1]

[1] Beschlagnahme und Durchsuchung sind zulässig. R.G. X, 426.

73. Die Beeidigung von Zeugen und Sachverständigen kann in der Voruntersuchung erfolgen, auch

wenn die Voraussetzungen des §. 65 Abs. 2 und des §. 222 der Strafprozeßordnung nicht vorliegen.

74. Beantragt die Staatsanwaltschaft eine Ergänzung der Voruntersuchung, so hat der Untersuchungsrichter, wenn er dem Antrage nicht stattgeben will, die Entscheidung des Ehrengerichts einzuholen.

Entscheidung über die Eröffnung des Hauptverfahrens.[1]

[1] §§. 196, 197, 200—204, 206, 208, 209 St.P.O.

75. Nach geschlossener Voruntersuchung sind dem Angeschuldigten auf seinen Antrag die Ergebnisse des bisherigen Verfahrens mitzutheilen.[1]

[1] Vorläufige Einstellung des Verfahrens wegen Geisteskrankheit, §. 203 St.P.O, E.G.H. IV, 7, wegen Abwesenheit: Anm. 4 zu §. 83.

76.[1] Die Anklageschrift hat die dem Angeschuldigten zur Last gelegte Pflichtverletzung durch Angabe der sie begründenden Thatsachen zu bezeichnen und, soweit in der Hauptverhandlung Beweise erhoben werden sollen, die Beweismittel anzugeben.

[1] An Stelle von §. 198 St.P.O.

77.[1] Ist der Angeschuldigte außer Verfolgung gesetzt, so kann die Klage nur während eines Zeitraums von fünf Jahren, vom Tage des Beschlusses ab, und nur auf Grund neuer Thatsachen oder Beweismittel wieder aufgenommen werden.

[1] An Stelle von §. 210 St.P.O. — Im übrigen findet eine Verjährung ehrengerichtlich zu ahndender Verfehlungen nicht statt, selbst wenn ihre strafrechtliche Verfolgung verjährt ist. E.G.H. IV, 112.

78.[1] In dem Beschlusse, durch welchen das Hauptverfahren eröffnet wird,[2] ist die dem Angeklagten zur

Last gelegte Pflichtverletzung durch Angabe der sie begründenden Thatsachen[3] zu bezeichnen.[4]

[1] An Stelle von §. 205 St.P.O.

[2] Fällt fort im Falle des §. 93.

[3] Diese Thatsachen sind bestimmt zu bezeichnen. E.G.H. IV, 147. — Eine Erläuterung des Eröffnungsbeschlusses mittels der Anklageschrift ist nicht unzulässig. E.G.H. IV, 5.

[4] Der Eröffnungsbeschluß bestimmt die Grenzen, innerhalb deren das erkennende Gericht mit der Sache befaßt wird. §. 205 St.P.O. E.G.H. V, 21. — Vgl. §. 84.

79.[1] Die Mittheilung der Anklageschrift erfolgt mit der Ladung zur Hauptverhandlung.[2]

[1] An Stelle von §. 199 St.P.O.

[2] Ladung des Angeklagten mittels Zustellung (§. 37 St.P.O.), nicht blos mittels eingeschriebenen Briefes. E.G.H. I, 17. — Zustellung an die Staatsanwaltschaft mittels Vorlegung: § 41 St.P.O. E.G.H. IV, 144. Vorbereitung der Hauptverhandlung: §§. 212—224 St.P.O. — Vgl. jedoch Anm. 2 zu §. 86.

Hauptverhandlung.[1]

[1] §§. 225—228, 234, 236—243, 245—248, 251—260, 262, 263, 264 Abs. 4, §§. 265—267, 271—274, 275 Abs. 1—3 St.P.O.

80. Die Mitglieder des Vorstandes, welche bei der Entscheidung über die Eröffnung des Hauptverfahrens mitgewirkt haben, sind von der Theilnahme an dem Hauptverfahren nicht ausgeschlossen.[1]

[1] An Stelle von §. 23 Abs. 3 St.P.O.

81. In der Hauptverhandlung ist als Gerichtsschreiber ein dem Vorstande nicht angehörender, am Sitze der Kammer wohnhafter Rechtsanwalt von dem Vorsitzenden zuzuziehen.[1]

[1] Das Protokoll muß ergeben, welche Beweise und wie sie erhoben sind. §. 273 St.P.O. E.G.H. III, 41, 47. Die verlesenen

Schriftstücke sind aufzuführen. E.G.H. II, 15, 22. Die in der Hauptverhandlung abgegebenen Erklärungen des Angeschuldigten, E.G.H. IV, 20, und Aussagen des Zeugen sind ihrem wesentlichen Inhalt nach zu protokolliren. E.G.H. IV, 53.

82. Die Hauptverhandlung ist nicht öffentlich. Die Mitglieder der Kammer sind als Zuhörer zuzulassen, andere Personen nur auf Antrag des Angeklagten nach dem Ermessen des Vorsitzenden.

83.[1] Die Hauptverhandlung kann auch ohne Anwesenheit des Angeklagten stattfinden,[2] sofern er zu derselben geladen ist, auch wenn er im Sinne des §. 318 der Strafprozeßordnung als abwesend gilt.[3] Eine öffentliche Ladung ist unzulässig.[4]

Das Ehrengericht kann das persönliche Erscheinen des Angeklagten unter der Verwarnung anordnen, daß bei seinem Ausbleiben ein Vertreter nicht werde zugelassen werden.

[1] An Stelle von §§. 229—233, 235 St.P.O.

[2] Selbst wenn derselbe am Erscheinen verhindert ist. E.G.H. III, 32. Im Falle der Unterbrechung der Hauptverhandlung bedarf es der Ladung des nicht erschienenen Angeklagten zur Fortsetzung nicht. E.G.H. III, 33.

[3] Im Falle der Abwesenheit (§. 318 St.P.O.) wird gemäß §§. 322—326 St.P.O. verfahren.

[4] Hat der Rechtsanwalt noch im Inlande eine Wohnung oder ein Geschäftslokal, so kann die Ladung im Wege der Ersatzzustellung (§§. 166—168 C.P.O., §. 37 St.P.O.) bewirkt werden. Trifft jene Voraussetzung nicht zu, so ist eine Verhandlung gegen einen Anwalt, dessen Aufenthalt unbekannt ist, überhaupt nicht möglich; das anhängige Verfahren ist vorläufig einzustellen, §§. 203, 336 St.P.O. E.G.H. III, 15, 17; gegen einen im Auslande lebenden Anwalt kann verhandelt werden, wenn er gemäß §§. 182 ff. C.P.O. geladen ist. — Vgl. übrigens §. 21 Nr. 2.

84. In der Hauptverhandlung hält nach Verlesung des Beschlusses über die Eröffnung des Hauptverfahrens ein Berichterstatter in Abwesenheit der Zeugen einen Vortrag[1] über die Ergebnisse des bisherigen Verfahrens, soweit dieselben sich auf die in dem Beschlusse über die Eröffnung des Hauptverfahrens enthaltenen Thatsachen beziehen.[2]

[1] Dieser Vortrag ersetzt nicht die Erhebung der Beweise vor dem Ehrengericht. E.G.H. II, 18, III, 41, 47.

[2] Vgl. Anm. 4 zu §. 78.

85.[1] Das Ehrengericht bestimmt den Umfang der Beweisaufnahme, ohne hierbei durch Anträge, Verzichte oder frühere Beschlüsse gebunden zu sein.[2]

[1] An Stelle von §. 244 St.P.O.

[2] Unbeeidigte Zeugnisse dürfen — außer in den Fällen der §§. 50, 57, 250 St.P.O. — der Entscheidung nicht zu Grunde gelegt werden. §. 60 St.P.O. E.G.H. I, 26, III, 13, 50, IV, 24, 27. Vgl. Anm. 2 zu §. 88.

86.[1] Das Ehrengericht kann nach freiem Ermessen die Vernehmung von Zeugen oder Sachverständigen durch einen ersuchten Richter oder in der Hauptverhandlung anordnen.[2]

Auf das Ersuchen finden die §§. 158 bis 160, 166 des Gerichtsverfassungsgesetzes entsprechende Anwendung.

Die Vernehmung muß auf Antrag der Staatsanwaltschaft oder des Angeschuldigten in der Hauptverhandlung erfolgen, sofern nicht voraussichtlich der Zeuge oder Sachverständige am Erscheinen in der Hauptverhandlung verhindert oder sein Erscheinen wegen großer Entfernung besonders erschwert sein wird.[3]

[1] Abweichung von §. 249 St.P.O. — Auch im ehrengerichtlichen Verfahren dürfen Aussagen von Zeugen, welche weder im Vorverfahren noch in der Hauptverhandlung vernommen sind, nicht berücksichtigt werden. E.G.H. I, 41, V, 7.

[2] Auch vor der Hauptverhandlung. Mot. 91. Vgl. §. 93 Abs. 2.

[3] Nur wenn die Vernehmung in der Hauptverhandlung erfolgt, bedarf es der nochmaligen Beeidigung der bereits im Vorverfahren eidlich vernommenen Zeugen gemäß §. 66 St.P.O. E.G.H. II, 13, III, 23.

87. Die Verhängung von Zwangsmaßregeln, sowie die Festsetzung von Strafen gegen Zeugen und Sachverständige, welche in der Hauptverhandlung ausbleiben oder ihre Aussage oder deren Beeidigung verweigern, erfolgt auf Ersuchen durch das Amtsgericht,[1] in dessen Bezirke dieselben ihren Wohnsitz und in Ermangelung eines solchen ihren Aufenthalt haben.

[1] In der Voruntersuchung durch den Untersuchungsrichter oder den von ihm ersuchten Richter. §§. 50, 69, 72, 77 St.P.O. Vgl. auch Anm. 1 zu §. 97. — Die Verurtheilung in die durch das Ausbleiben oder die Verweigerung der Aussage verursachten Kosten geschieht durch das Ehrengericht,

88.[1] Die Aussage eines außerhalb der Hauptverhandlung vernommenen Zeugen oder Sachverständigen, dessen Vernehmung nicht in der Hauptverhandlung erfolgen muß, ist, sofern es die Staatsanwaltschaft oder der Angeklagte beantragt oder das Ehrengericht es für erforderlich erachtet, zu verlesen.[2]

[1] Abweichung von §. 250 St.P.O.

[2] Nicht verlesene Zeugenaussagen oder Urkunden dürfen der Entscheidung nicht zu Grunde gelegt werden. E.G.H. I, 25, III, 50, IV, 61.

Beschwerde.[1]

[1] §§. 338—344, 346—353 St.P.O.

89. Für die Verhandlung und Entscheidung über das Rechtsmittel der Beschwerde[1] ist das Oberlandesgericht zuständig.

[1] Gegen Entscheidungen des Ehrengerichts (Ausnahme: §. 90), des Vorsitzenden des Ehrengerichts oder des Untersuchungsrichters. — Ueber Beschwerden gegen Entscheidungen des ersuchten Richters entscheidet das demselben übergeordnete Landgericht, im Falle des §. 160 G.V.G. das ihm übergeordnete Oberlandesgericht.

Berufung.[1]

[1] §§. 338—345, 355—365, 367—373 St.P.O.

90. Gegen die Urtheile des Ehrengerichts ist die Berufung[1] an den Ehrengerichtshof zulässig.[2]

Der Ehrengerichtshof besteht aus dem Präsidenten des Reichsgerichts als Vorsitzenden, drei Mitgliedern des Reichsgerichts und drei Mitgliedern der Anwaltskammer bei dem Reichsgerichte.[3]

Die Mitglieder des Reichsgerichts werden nach den Vorschriften der §§. 62, 63, 133 des Gerichtsverfassungsgesetzes bestimmt.[4] Die Mitglieder der Anwaltskammer werden vor Beginn des Geschäftsjahres auf die Dauer desselben von der Anwaltskammer gewählt.

In gleicher Weise werden drei Stellvertreter der Mitglieder des Reichsgerichts und zwei Stellvertreter der Mitglieder der Anwaltskammer bestimmt.

Auf die Vertretung des Präsidenten findet die Vorschrift des §. 65 Abs. 2 des Gerichtsverfassungsgesetzes[5] entsprechende Anwendung.

[1] Auch blos wegen der Kosten. E.G.H. IV, 92.

[2] Die Entscheidung des Ehrengerichtshofs ist mit der Revision

nicht anfechtbar. E.G.H. V, 199. — Wiederaufnahme zu Gunsten des Verurtheilten ist im ehrengerichtlichen Verfahren nur zulässig, wenn das neue Verfahren zu völliger Freisprechung führen würde. E.G.H. V, 53. Im Falle der Begründung des Gesuchs aus §. 399 Nr. 5 St.P.O. sind die Voraussetzungen zu erfüllen, welche für die von den Schöffengerichten verhandelten Sachen gelten. E.G.H. IV, 97. [3] §. 102.

[4] Durch das Präsidium des Reichsgerichts vor Beginn des Geschäftsjahres.

[5] Sie erfolgt durch den dem Dienstalter nach ältesten Senatspräsidenten.

91. Auf das Verfahren in der Beschwerdeinstanz und in der Berufungsinstanz finden die Vorschriften der Strafprozeßordnung[1] und der §§. 82, 83 Abs. 1, §§. 84, 86 bis 88 dieses Gesetzes[2] entsprechende Anwendung.

[1] Nur subsidiär; in erster Linie finden die §§. 82, 83 Abs. 1, 84, 86—88 Anwendung.

[2] Da §. 81 für die Berufungsinstanz nicht gilt, ist ein Gerichtsschreiber des Reichsgerichts zuzuziehen. — An Stelle des §. 85 gilt in der Berufungsinstanz §. 244 St.P.O.

Staatsanwaltschaft.

92. Die Verrichtungen der Staatsanwaltschaft werden von der Staatsanwaltschaft bei dem Oberlandesgerichte, in der Berufungsinstanz[1] von der Staatsanwaltschaft bei dem Reichsgerichte wahrgenommen.

[1] Und beim ehrengerichtlichen Verfahren erster Instanz gegen einen beim Reichsgericht zugelassenen Rechtsanwalt. §. 98.

Verfahren wegen versagter Zulassung.

93. Im Falle des §. 16 Abs. 2 wird ohne Beschluß über die Eröffnung des Hauptverfahrens zur Hauptverhandlung[1] geschritten.

Das Ehrengericht kann nach Maßgabe des §. 86 auch die Vernehmung des Antragstellers vor der Hauptverhandlung anordnen.

Dem Antragsteller sind auf Verlangen die ihm zur Last gelegten Thatsachen sowie die Beweismittel vor der Hauptverhandlung schriftlich anzugeben.

Das Verfahren ist einzustellen,[2] wenn der Antrag auf Entscheidung im ehrengerichtlichen Verfahren[3] zurückgenommen wird; die Kosten trägt in diesem Falle der Antragsteller.

[1] Also auch ohne Voruntersuchung, §. 188 St.P.O., und ohne Anklageschrift, §§. 196, 197 St.P.O.

[2] Durch Urtheil, wenn der Antrag in der Hauptverhandlung zurückgenommen wird. §. 259 St.P.O. [3] §. 16 Abs. 2.

Kosten.[1]

[1] §§. 496—499, 501, 502, 504, 505 St.P.O. — Gebühren des vertheidigenden Rechtsanwalts; §. 91 Nr. 4 G.O. f. R.A.

94. Für das Verfahren werden weder Gebühren noch Stempel, sondern nur baare Auslagen[1] in Ansatz gebracht.

Der Betrag der Kosten ist von dem Vorsitzenden festzustellen.[2] Die Festsetzung ist vollstreckbar.[3]

Kosten, welche weder dem Angeschuldigten noch einem Dritten auferlegt werden oder von dem Verpflichteten nicht eingezogen werden können, fallen der Kammer zur Last. Dieselbe haftet den Zeugen und Sachverständigen für die ihnen zukommende Entschädigung in gleichem Umfange, wie in Strafsachen die Staatskasse.[4] Bei weiterer Entfernung des Aufenthaltsorts der geladenen Personen ist denselben auf Antrag ein Vorschuß zu bewilligen.

Die Hinterlegung der gesetzlichen Entschädigung für Personen, welche von dem Angeklagten unmittelbar geladen sind,[5] erfolgt bei dem Schriftführer des Vorstandes.

[1] Die zur Konstituirung des Ehrengerichts erforderlichen baaren Auslagen (z. B. Reisekosten der auswärtigen Mitglieder des Ehrengerichts bis zu dessen Sitz) gehören nicht zu den Kosten des Verfahrens.

[2] Haftung mehrerer Angeschuldigter: E.G.H. IV, 213, 251.

[3] §. 97 Abs. 3.

[4] §§. 70. 72, 219 Abs. 3 St.P.O. — Vgl. Anm. 2 zu §. 71.

[5] §. 219 St.P.O.

III. Vollstreckung.

95. Ausfertigungen und Auszüge der Urtheile des Ehrengerichts sind von dem Schriftführer des Vorstandes[1] zu ertheilen.

[1] Mit dem Siegel des Vorstandes versehen. — Ausfertigungen und Auszüge von Urtheilen des Ehrengerichts ertheilt gemäß §. 275 Abs. 4 St.P.O. der Gerichtsschreiber des Reichsgerichts. Vgl. Anm. 2 zu §. 91.

96. Die Ausschließung von der Rechtsanwaltschaft tritt mit der Rechtskraft des Urtheils ein. Dieselbe wird von dem Schriftführer des Vorstandes unter Mittheilung einer mit der Bescheinigung der Vollstreckbarkeit versehenen beglaubigten Abschrift der Urtheilsformel den Gerichten, bei welchen der Rechtsanwalt zugelassen war,[1] und der Landesjustizverwaltung angezeigt.

[1] §. 24.

97. Geldstrafen (§§. 58, 63)[1] fließen zur Kasse der Kammer.

Die Vollstreckung der eine Geldstrafe aussprechenden Entscheidung erfolgt auf Grund einer von dem Schriftführer des Vorstandes ertheilten, mit der Bescheinigung der Vollstreckbarkeit versehenen beglaubigten Abschrift der Entscheidungsformel nach den Vorschriften über die Vollstreckung der Urtheile in bürgerlichen Rechtsstreitigkeiten.[2]

Dasselbe gilt von der Vollstreckung der die Kosten festsetzenden Verfügung.[3]

Die Vollstreckung wird von dem Schriftführer des Vorstandes betrieben.

[1] Nicht auch die auf Grund des §. 87 von den Gerichten verhängten Geldstrafen. — Die Strafen der Warnung und des Verweises bedürfen einer besonderen Vollstreckung nicht. E.G.H. III. 25.

[2] §. 674 C.P.O.

[3] §. 94 Abs. 2.

Fünfter Abschnitt.

Rechtsanwaltschaft bei dem Reichsgerichte.

98. Auf die Rechtsanwaltschaft bei dem Reichsgerichte finden, insoweit nicht in den nachfolgenden Paragraphen abweichende Bestimmungen enthalten sind, die Vorschriften der ersten vier Abschnitte dieses Gesetzes mit der Maßgabe Anwendung, daß an die Stelle der Landesjustizverwaltung[1] der Reichskanzler und an die Stelle des Oberlandesgerichts[2] das Reichsgericht tritt.

[1] §. 16 Abs. 3, 4, §. 18 Abs. 2 §§. 47, 49 Nr. 4, §§. 50, 61, 96.

[2] §. 41 Abs. 2, §§. 47, 59 Abs. 2, §§. 61, 89. — Präsident: §. 59 Abs. 1, §. 71. — Staatsanwaltschaft: §. 92.

99. Die Zulassung zur Rechtsanwaltschaft und die Zurücknahme der Zulassung bei dem Reichsgericht erfolgt durch das Präsidium des Reichsgerichts.[1] Dasselbe entscheidet über den Antrag auf Zulassung[2] nach freiem Ermessen, jedoch vorbehaltlich der Vorschriften der §§. 1, 5.[3]

[1] §§. 63, 133 G.V.G. — Nach einem Beschluß der Vereinigten Civilsenate des R.G. v. 9./7. 83 soll auch die Bestellung eines Vertreters gemäß §. 25 Abs. 2 dem Präsidium des Reichsgerichts, nicht dem Reichskanzler, zustehen. (Rassow u. Küntzel XXVIII, 265; Jur. Woch. 1883 S. 209.) Bedenklich.

[2] Ueber deren Zurücknahme gemäß §§. 21—23.

[3] Der Vorstand der Anwaltskammer muß gutachtlich gehört werden. §. 5 Nr. 4—6.

100. Die Zulassung zur Rechtsanwaltschaft bei dem Reichsgericht ist mit der Zulassung bei einem anderen Gericht unvereinbar.

Die bei dem Reichsgerichte zugelassenen Rechtsanwälte dürfen bei einem anderen Gerichte nicht auftreten.[1]

[1] Auch nicht als Vertheidiger, Beistände oder zur Ausführung der Parteirechte in der mündlichen Verhandlung.

101. Eine Uebertragung der dem Prozeßbevollmächtigten zustehenden Vertretung auf einen bei dem Reichsgerichte nicht zugelassenen Rechtsanwalt findet nicht statt.[1]

[1] Als Vertheidiger oder zur Ausführung der Parteirechte in der mündlichen Verhandlung kann jeder bei einem deutschen Gerichte zugelassene Anwalt auftreten.

102. Die Anwaltskammer bei dem Reichsgerichte

wird durch die bei demselben zugelassenen Rechtsanwälte gebildet.

Die Mitglieder des Ehrengerichtshofs können nicht Mitglieder des Ehrengerichts sein.

Sechster Abschnitt.

Schluß- und Uebergangsbestimmungen.

Die landesgesetzlichen Vorschriften bleiben nur in Kraft, soweit sie die Befugniß der Rechtsanwälte zum Auftreten in Sachen behandeln, auf welche die Civilprozeßordnung, Strafprozeßordnung, Konkursordnung nicht Anwendung finden, insbesondere also in den beim Inkrafttreten dieser Gesetze anhängigen Prozessen, welche nach den bisherigen Prozeßgesetzen erledigt werden. §§. 18 E.G. zur C.P.O. §. 8 Abs. 2 E.G. zur St.P.O. §. 8 E.G. zur K.O. Rechtsspr. I, 406. — Wegen Zulassung von Rechtsanwälten vor dem Reichsgericht in den nach altem Verfahren zu erledigenden Sachen vgl. den Beschluß des Reichsgerichts in der Jur. Woch. v. 1879 S. 252. — Wegen der vor den Preußischen Landesgerichten anhängigen Sachen des alten Verfahrens siehe Preuß. Just.Min. Bl. 1879 S. 356. — Vgl. ferner: Preußen: Verf. v. 28./6. 79 (J.M.Bl. 153).

103. Dieses Gesetz tritt, vorbehaltlich der Bestimmungen der §§. 112, 113, im ganzen Umfange des Reichs gleichzeitig mit dem Gerichtsverfassungsgesetz in Kraft.[1]

[1] §. 1 E.G. zum G.V.G.

104. Der am Orte eines obersten Landesgerichts[1] wohnhafte Rechtsanwalt kann bei diesem Gerichte zugelassen werden, wenn nach dem Gutachten des letzteren die Zulassung zur ordnungsmäßigen Erledigung der Anwaltsprozesse erforderlich ist.

[1] §. 8 E.G. zum G.V.G. Ein solches besteht nur in München. Art. 42 Bayr. Ges. v. 23./2. 79 (Ges. u. Ver.Bl. 273) §. 1 Bayr. Verord. v. 2./4. 79 (Ges. u. Ver.Bl. 356). — **Verfahren**: §. 6 Bekanntm. v. 7./7. 79 (Ges. u. Ver.Bl. 685).

105. Die bei einem obersten Landesgerichte zugelassenen Rechtsanwälte sind Mitglieder der Anwaltskammer, in deren Bezirke das Gericht seinen Sitz hat.[1]

[1] §. 41.

Uebergangsbestimmungen.

106.[1] Die erste Versammlung der Anwaltskammern findet zur Wahl der Mitglieder des Vorstandes binnen drei Monaten nach dem Inkrafttreten dieses Gesetzes statt.

Die Versammlung wird von dem Präsidenten des Oberlandesgerichts, bei dem Reichsgerichte von dem Präsidenten des letzteren berufen. Den Vorsitz in derselben führt der Präsident oder ein von ihm beauftragtes Mitglied des Gerichts.

Der Vorsitzende ernennt für die Versammlung aus deren Mitte einen Schriftführer.

[1] §§. 46, 52 Abs. 1.

107. Den zur Zeit des Inkrafttretens dieses Gesetzes vorhandenen Rechtsanwälten (Anwälten, Advokaten, Advokatanwälten, Prokuratoren) kann die Zulassung bei einem Landesgerichte, in dessen Bezirke sie bisher ihren Wohnsitz hatten, nicht versagt werden, wenn sie dieselbe vor dem Inkrafttreten dieses Gesetzes oder binnen drei Monaten nach demselben beantragen.

Dieselben sind, sofern sie die Zulassung bei dem Landgericht ihres Wohnsitzes beantragen, befugt, ihren bisherigen Wohnsitz beizubehalten.

Eine nochmalige Beeidigung dieser Rechtsanwälte[1] findet nicht statt.

Den zur Zeit des Inkrafttretens dieses Gesetzes vorhandenen Rechtsanwälten, welche bei den an ihrem Wohnsitze befindlichen mehreren Kollegialgerichten die Anwaltschaft auszuüben berechtigt sind, kann die gleichzeitige Zulassung bei den an demselben Orte an die Stelle der bisherigen tretenden Kollegialgerichten nicht versagt werden, wenn sie dieselbe vor dem Inkrafttreten dieses Gesetzes beantragen. Durch landesherrliche Verordnung kann in diesem Falle für einzelne Orte die gleichzeitige Zulassung bei mehreren Kollegialgerichten ausgeschlossen werden.[2]

[1] D. i. der bei dem Inkrafttreten der R.A.O. vorhandenen, welche die Zulassung vor dem 1. Januar 1880 beantragen.

[2] Preußen: §. 1 Verordn. v. 25./6. 79 (Gef. Samml. 387). — Württemberg: Verordn. v. 15./5. 79 (Reg. Bl. 109).

108. Diejenigen, welche[1] zur Zeit des Inkrafttretens dieses Gesetzes die Fähigkeit zur Rechtsanwaltschaft erlangt haben,[2] können zur Rechtsanwaltschaft[3] zugelassen werden, auch wenn sie die Fähigkeit zum Richteramte nicht erlangt haben.

Dieselben haben nach Maßgabe des §. 4 ein Recht auf Zulassung bei den Gerichten des Bundesstaats, in welchem sie die Fähigkeit zur Rechtsanwaltschaft erlangt haben.

Die Zulassung eines solchen zum Richteramte nicht befähigten Antragstellers kann auch dann versagt werden, wenn dieselbe nicht vor dem Inkrafttreten dieses Gesetzes oder binnen drei Monaten nach demselben oder, falls der Antragsteller zu dieser Zeit ein Amt bekleidet, mit welchem die Rechtsanwaltschaft nicht vereinbar ist, nicht vor Ablauf von drei Monaten nach dem Ausscheiden aus diesem Amte beantragt wird.

[1] Nach den geltenden Landesgesetzen.
[2] Ohne Rechtsanwälte geworden zu sein.
[3] Auch beim Reichsgericht. Kom. Ber. 50.

109. Die Landesgesetze können für solche Kategorien von Rechtsanwälten und zur Rechtsanwaltschaft Befähigten (§§. 107, 108), für welche die Fähigkeit zum Richteramte nicht erforderlich war, bestimmen, daß deren Zulassung zu versagen oder nur unter Beschränkungen zu ertheilen sei.

110. Durch landesherrliche Verordnung kann die Landesjustizverwaltung[1] auf einen Zeitraum von drei Jahren nach dem Inkrafttreten dieses Gesetzes ermächtigt werden, die Zulassung zur Rechtsanwaltschaft denjenigen zu versagen, welche im Justizdienste sich befinden, sowie denjenigen, welche aus demselben ausgeschieden sind, ohne in einen anderen Zweig des Reichs- oder Staatsdienstes oder in ein besoldetes Gemeindeamt übergegangen oder zur Rechtsanwaltschaft zugelassen worden zu sein.

Auf Grund einer solchen Ermächtigung kann jedoch die Zulassung denjenigen nicht versagt werden, welche dieselbe binnen einem Jahre nach erlangter Fähigkeit zur Rechtsanwaltschaft beantragen und nicht bereits im Justizdienste angestellt worden sind. Für diejenigen, welche die Fähigkeit zur Rechtsanwaltschaft bei dem

Inkrafttreten dieses Gesetzes bereits erlangt hatten, läuft diese Frist noch mindestens drei Monate nach diesem Zeitpunkte.

[1] Preußen: §. 2 Verordn. v. 25./6. 79 (Ges.-Samml. 387). — Bayern: Verordn. v. 19./7. 79 (Ges. u. Ver.Bl. 705).

111. Bis zur Wahl des Vorstandes der Anwaltskammer ist die Anhörung desselben nach den Vorschriften der §§. 3, 99 nicht erforderlich.

112. Auf Anordnung der Landesjustizverwaltung können schon vor dem Inkrafttreten des Gerichtsverfassungsgesetzes die Rechtsanwaltslisten (§. 20) angelegt und Eintragungen der in Gemäßheit des §. 107 erfolgenden Zulassungen bewirkt werden.

Die Landesjustizverwaltung bestimmt die Gerichte, welche bis zu dem bezeichneten Zeitpunkte die Listen zu führen haben.

113. Ueber den Antrag auf Zulassung zur Rechtsanwaltschaft bei dem Reichsgericht entscheidet vor dem Inkrafttreten des Gerichtsverfassungsgesetzes an Stelle des Präsidiums des Reichsgerichts das Plenum des Reichs-Oberhandelsgerichts.

Das letztere hat bis zu dem bezeichneten Zeitpunkte die Rechtsanwaltsliste zu führen.

114. Mit Zustimmung des Bundesraths kann die Landesjustizverwaltung, wenn in dem Bezirk eines nur einem Bundesstaate angehörigen Oberlandesgerichts das System des französischen Rechts und an dem Sitze einzelner Landgerichte ein anderes System des bürgerlichen Rechts besteht, oder wenn das umgekehrte Verhältniß obwaltet, die bei diesen Landgerichten zugelassenen Rechtsanwälte in den daselbst verhandelten Prozessen bis zur Einführung eines gemeinschaftlichen bürgerlichen Gesetzbuchs zur Vertretung der Parteien auch bei dem Oberlandesgerichte zulassen.[1]

[1] Hessen: Bekanntm. v. 20./6. 79 (Reg.Bl. 490).

115. Auf die gegen einen Rechtsanwalt (§. 107) zur Zeit des Inkrafttretens dieses Gesetzes anhängigen Disziplinarsachen finden die Bestimmungen der §§. 8, 9, 10, 12 des Einführungsgesetzes zur Strafprozeßordnung entsprechende Anwendung.

An die Stelle des nach den bisherigen Gesetzen zuständigen obersten Landesgerichts tritt der Ehrengerichtshof nach Maßgabe des §. 90.

116. Eine nach den bisherigen Gesetzen erkannte zeitige Entziehung der Befugniß zur Ausübung der Rechtsanwaltschaft (Suspension, Dienstsperre) ist im Sinne der §. 6 Nr. 3, §. 15 Nr. 1, §. 43 Nr. 3 für eine härtere Strafe als Verweis zu erachten.

Der Landesgesetzgebung bleibt überlassen, zu bestimmen, in welchem Verhältniß andere bisher zulässige Strafen zu den im §. 63 bezeichneten stehen.

Sach-Register.

Die Zahlen geben die Paragraphen.

A.

Aberkennung der Ehrenrechte 43.
Ablehnung, der Berufsthätigkeit 30, — der Wahl zum Mitglied des Vorstandes der Anwaltskammer 45.
Abschrift der Urtheilsformel des Ehrengerichts 96.
Abstimmung des Vorstandes der Anwaltskammer 55.
Abwesenheit des Angeklagten in der Hauptverhandlung 65, 83.
Advokat 107.
Advokatanwalt 107.
Aemter, öffentliche, Unfähigkeit zur Bekleidung — 5, 6, 7, 21, 43.
Alter als Ablehnungsgrund 45.
Amt, mit der Rechtsanwaltschaft unvereinbares 5, 108.
Amtsgericht 9, 18, 29, 39, 87.
Androhung von Strafen durch den Vorstand der Anwaltskammer 58.
Angeklagter, Abwesenheit des — in der Hauptverhandlung 65, 83.
Angeschuldigter im ehrengerichtlichen Verfahren 68, 69, 72, 75, 76, 77, 78. 86, 88, 94.
Angestellter im Justizdienst 6, 110.
Anhörung des Vorstandes der Anwaltskammer 3, 99, 111.
Anklageschrift im ehrengerichtlichen Verfahren 76, 79.
Anleitung der Rechtskundigen im Vorbereitungsdienst 40.
Anordnung, gerichtliche — der Beschränkung in der Verfügung über das Vermögen 5, 22, 43, — der Landesjustizverwaltung betr. die Anlegung von Rechtsanwaltslisten 112, — der Stellvertretung 25, — des Vorstandes der Anwaltskammer 58.
Anstellung im Staats-, Gemeinde-, Justizdienste 6, 110.
Antrag, auf Entscheidung im ehrengerichtlichen Verfahren 16, 93. — auf Ergänzung der Voruntersuchung 74, — auf Zulassung 3, 5, 99, 113.
Antragsteller 5, 6, 14, 15, 16, 93, 108.
Anwalt, 107, s. Rechtsanwalt.
Anwaltschaft s. Rechtsanwaltschaft.
Anwaltskammer 3, 5, 9, 16, 23, 41, 42, Anträge der — 59, Aufhebung der Beschlüsse der — 59, Aufwand der — 48, Beitrag der Mitglieder der — 48, Berufung der — 52, 53, 106, Beschlüsse der — 53, 54, 56, Geschäftsführung der — 51 bis 61, Geschäftskreis der — 48 bis 50, Geschäftsordnung der — 42, 44, 46, 52, 53, 54, 67, Mitglieder der — 41, — bei dem obersten Landesgericht 105, — beim Reichsgericht 102, Verhandlungen der — 60, Versammlungen der — 52, 53, 56, 106, Vorsitzender der — 52, 57, Vorstand der — 3, 5, 9, 16, 23, 42 bis 46, 49 bis 52, 54 bis 60, 67, 111, Vorstellungen der — 50, Wahl des Vorstandes der — 43, Wahlen der — 54, 56, 59.
Anwaltsprozesse 12, 33, 104.
Anzeige der Entfernung vom Wohnsitz 29.
Arbeiten der Rechtskundigen im Vorbereitungsdienst 40.
Armenrecht 34, 37.
Aufbewahrung der Handakten 32.
Aufgabe zur Post, Zustellung durch — 19.
Aufhebung gesetzwidriger Be-

schlüsse oder Wahlen der Anwaltskammer oder des Vorstandes 59.
Aufsicht durch den Vorstand 49, — über den Geschäftsbetrieb des Vorstandes 59.
Auftraggeber, Verhältniß des Anwalts zum — 30 bis 32.
Aufwand für Angelegenheiten der Kammer 48.
Ausbleiben des Angeklagten in der Hauptverhandlung 65, 83.
Ausfertigung der Urtheile des Ehrengerichts 95.
Ausführung der Parteirechte 25, 27.
Auslagen 32, 51, — im ehrengerichtlichen Verfahren 94.
Aussagen, Verlesung der — im ehrengerichtlichen Verfahren 88.
Ausscheiden aus dem Vorstand 43 bis 45.
Ausschließung von der Rechtsanwaltschaft 5, 63, 64, 96.
Ausübung der Rechtsanwaltschaft, Beginn der — 20.
Auswahl des beizuordnenden Rechtsanwalts 36.
Auszüge der Urtheile des Ehrengerichts 95.

B.

Baare Auslagen 32, 51, — im ehrengerichtlichen Verfahren 94.
Bedürfniß zur Vermehrung der Zahl der Rechtsanwälte 13.
Beeidigung, der Rechtsanwälte 17, 107, — der Zeugen und Sachverständigen im ehrengerichtlichen Verfahren 73, Verweigerung der — 87.
Befähigung zum Rechtsanwalt 1, 2, 4, 108, 109.
Befugniß zur Ausübung der Rechtsanwaltschaft 20.
Beibehaltung des bisherigen Wohnsitzes 107.
Beiordnung des Rechtsanwalts durch das Gericht 33 bis 38.
Beistand, Rechtsanwalt als — 26.
Beiträge zur Bestreitung des Aufwandes der Anwaltskammer 48.
Bekanntmachungen, der Versammlungen der Anwaltskammer 53, — im Reichsanzeiger 20, 24, 47.
Bekleidung öffentlicher Aemter 6, Unfähigkeit zur — 5, 6, 7, 21, 43.
Bericht des Vorsitzenden der Anwaltskammer 61.
Berichterstatter in der ehrengerichtlichen Hauptverhandlung 84, 91.
Berufsthätigkeit, Ablehnung der — 30, 31, Ausübung der — 28.
Berufung, der Anwaltskammer u. des Vorstandes 52, 53, — gegen ehrengerichtliche Urtheile 90.
Berufungsinstanz, Verfahren in der — 91.
Beschäftigung, welche mit der Rechtsanwaltschaft unvereinbar ist 5.
Bescheid, die Zulassung zur Rechtsanwaltschaft versagender — 16.
Beschlüsse der Anwaltskammer und des Vorstandes 53 bis 57, Aufhebung gesetzwidriger — 59.
Beschluß auf Eröffnung des Hauptverfahrens 78.
Beschlußfähigkeit des Vorstandes 55.
Beschränkung des Rechtsanwalts in der Verfügung über sein Vermögen 5, 22, 43, landesgesetzliche — der Zulassung zur Rechtsanwaltschaft 109.
Beschwerde im ehrengerichtlichen Verfahren 69, 89, — über den Geschäftsbetrieb der Anwaltskammer 59, — wegen Beiordnung 35, 36, — wegen Straffestsetzungen 58.
Beschwerdeinstanz, Verfahren in der — 91.

Bestellung eines Vertheidigers 39.
Bestrafung, ehrengerichtliche 5, 6, 15, 43, 62, 116.
Bestreitung des Aufwandes der Anwaltskammer 48.
Beweisaufnahme 27, — im ehrengerichtlichen Verfahren 85, 86.
Beweismittel, Angabe der — 76, neue — 77, schriftliche Mittheilung der — vor der Hauptverhandlung 93.
Bundesrath 114.
Bundesstaaten 2, 4, 11, 108, mehreren — gemeinschaftliches Gericht 4, 11.

C.

Civilprozeßordnung 25, 26, 33, 35, 36.

D.

Dauer des Strafverfahrens, Aussetzung des ehrengerichtlichen Verfahrens während — 65.
Dienstsperre 116.
Disziplinarsachen, anhängige 115.

E.

Ehrengericht, Besetzung des — 67, Rechtsmittel gegen Urtheile des — 89 bis 91, Staatsanwaltschaft beim — 92, Verfahren vor dem — 69 bis 88, 93 bis 95. Zuständigkeit des — 68.
Ehrengerichtliche Bestrafung 49, 62.
Ehrengerichtliches Verfahren 5, 6, 15, 16, 62 bis 97.
Ehrengerichtshof 90, 102, 115.
Ehrenrechte, Aberkennung der — 43.
Eid des Rechtsanwalts 17, 107.
Einladung, schriftliche, zu Versammlungen der Kammer 53.
Einstellung des ehrengerichtlichen Verfahrens 93.
Eintragung in die Liste der Rechtsanwälte 20, 112, 113.
Empfangnahme der Handakten durch den Auftraggeber 32.
Entfernung des Rechtsanwalts vom Wohnsitz 29.
Entziehung, zeitige, der Befugniß zur Ausübung der Rechtsanwaltschaft nach bisherigem Recht 116.
Ergänzung d. Voruntersuchung 74.
Erklärung über Ablehnung eines Auftrags 30.
Erlasse der Kammer und des Vorstandes 60.
Erledigung, ordnungsmäßige, der Anwalts-Prozesse 12, 104.
Ermessen, des Ehrengerichts 86, — des Reichsgerichts 99.
Eröffnung des ehrengerichtlichen Hauptverfahrens 78, 93.
Ersatz des Schadens wegen verzögerter Ablehnung eines Auftrags 30.
Ersatzwahl in den Vorstand 44.
Erscheinen, vor dem Ehrengericht 83, 91, — vor dem Vorstand 58.
Erzwingung der Anordnungen des Vorstandes 58.

F.

Fähigkeit zur Rechtsanwaltschaft 1, 2, 4, 108, 109.
Festnahme des Angeschuldigten im ehrengerichtlichen Verfahren unzulässig 72.
Festsetzung der Kosten im ehrengerichtlichen Verfahren 94.
Feststellung der Geschäftsordnung für die Kammer und den Vorstand 48.

Französisches Recht, Geltungsbereich des — 114.

Freigebung der Rechtsanwaltschaft 4, 13.

Freisprechung im Strafverfahren schließt ehrengerichtliche Bestrafung nicht aus 65.

Frist, zum Antrag auf Zulassung 108, 110, — zum Verlangen ehrengerichtlicher Entscheidung wegen versagter Zulassung 16.

Führung der Voruntersuchung im ehrengerichtlichen Verfahren 71.

G.

Gebrechen 5, 16.

Gebühren, Vorschuß der — 38, Zurückhaltung der Handacten bis zur Zahlung der — 32.

Gebührenfreiheit, der Verhandlungen und Erlasse der Kammer und des Vorstandes 60, — für das ehrengerichtliche Verfahren 94.

Geistesschwäche 5, 16.

Geldempfang durch den Schriftführer 57.

Geldstrafen 6, 15, 43, 58, 63, 97.

Gemeindeamt 6, 110.

Gericht, Vorsitzender des — 29, 36, 39, Wohnsitz am Orte des — 18, 19, Zulassung bei einem bestimmten — 8 bis 15, 22.

Gerichtsschreiber im ehrengerichtlichen Verfahren 81, 91[2].

Geschäftsbetrieb, Aufsicht über den — des Vorstandes und der Kammer 59.

Geschäftsführung der Kammer und des Vorstandes 51 bis 58.

Geschäftskreis der Kammer und des Vorstandes 48 bis 50.

Geschäftsordnung der Kammer und des Vorstandes 42, 44[1], 46[1], 48, 52, 53[1], 54[1], 67[2].

Gewerbe. Rechtsanwaltschaft kein — Bem. vor 26.

Gleichzeitige Zulassung bei mehreren Gerichten 9 bis 12, 107.

Gutachten des Vorstandes der Kammer 3, 5, 9, 16, 49.

H.

Haftung des Anwalts, für Kosten Bem. vor 30, — für Vollmachtsstempel Bem. vor 30, — für Versehen 28.

Handakten, Aufbewahrung und Zurückgabe der — 32.

Handelssachen, Kammern für — 8, 9.

Handlungen, welche der Rechtsanwalt vor der Zulassung begangen hat 64.

Hauptverfahren, ehrengerichtliches, Entscheidung über die Eröffnung des — 70, 75 bis 78.

Hauptverhandlung, im Strafverfahren 65, — im ehrengerichtlichen Verfahren 79 bis 88.

Hinterlegung der Reisekosten für Zeugen und Sachverständige 94.

J.

Inkrafttreten des Gesetzes 103, 112, 113.

Interesse, dem der eigenen Partei entgegengesetztes — 31.

Justizdienst, Thätigkeit im — 6, 110.

K.

Kammern für Handelssachen 8, 9.

Kassengeschäfte der Anwaltskammer 57.

Kategorien von Rechtsanwälten, denen die Zulassung versagt werden kann 109.

Klage, öffentliche 7, 43, 65, — im ehrengerichtlichen Verfahren 15.
Körperliches Gebrechen 5, 16.
Kollegialgericht 10, 18, 107.
Kondominatgericht 4, 11.
Konkursordnung 26.
Kosten, der Bekanntmachung der Eintragung in die Liste 20, — der Bekanntmachung der Vorstandswahl 47, — der Löschung 24^3, — des ehrengerichtlichen Verfahrens 93, 94. Haftung des Anwalts für die — Bem. vor 30.

L.

Ladung, des Angeklagten vor das Ehrengericht 83, — des Anwalts vor den Vorstand 58.
Landesgesetze 59, 109, 116.
Landesherrliche Verordnung 107. 110.
Landesjustizverwaltung 3, 10, 16, 18, 23, 25, 47, 49, 50, 61, 96, 98, 112, 114.
Landgericht 8, 9, 11, 12, 18, 39, 53, 114.
Lehrer des Rechts 6.
Liste der Rechtsanwälte 20, 24, 112, 113.
Löschung in der Liste der Rechtsanwälte 24.
Lokalisirung der Rechtsanwaltschaft 8, 18, Ausnahme von der — 9 bis 12, 19.
Loos bei Wahlen 54.

M.

Mandat, Ablehnung des — 30, 38.
Manualakten s. Handakten.
Mehrheit der Mitglieder des Vorstands 55.
Mehrkosten durch Reisen der Rechtsanwälte, die nicht am Gerichtssitz wohnen 18, 37.
Mitglieder, der Anwaltskammer 41, 58, — des Vorstands 42.
Mittel zur Bestreitung des Aufwandes der Kammer 48.
Mittheilung, der Anklageschrift 79, — der Urtheilsformel 96.

N.

Neuwahl der Hälfte des Vorstandes 44.

O.

Oberlandesgericht 9, 10, 11, 12, 41, 47, 59, 61, 67, 89, 114.
Oberstes Landesgericht 104, 105, 115.
Oeffentlichkeit der Hauptverhandlung im ehrengerichtlichen Verfahren 82, — der Versammlungen der Anwaltskammer 53^1.
Ordnungsstrafe, gegen Rechtsanwälte 58, — gegen Zeugen und Sachverständige 87.
Ort des Zusammentritts der Anwaltskammer 52.

P.

Partei, Beschwerde der — 35, 36, Vertretung der — durch Anwälte 26, 27, 33, 34, 101, 107^2.
Parteirechte, Ausführung der — 25, 27.
Persönliches Erscheinen des Rechtsanwalts, im ehrengerichtlichen Verfahren 83, 91, — vor dem Vorstand 58.
Pflichten des Rechtsanwalts 28 bis 40, Verletzung der — 62.
Plenum, des Oberlandesgerichts

10, — des Reichs=Oberhandelsgerichts 113.
Post, Einladung zur Versammlung der Kammer durch die — 53, Zustellung durch Aufgabe zur — 19.
Präsident, des Oberlandesgerichts 59, 71, 106, — des Reichsgerichts 90, 106.
Präsidium des Reichsgerichts 90, 99.
Prokurator 107.
Protokoll über die Beschlüsse und Wahlen der Kammer und des Vorstandes 56.
Prozesse der Kammer 57.
Prozeßbevollmächtigter 27, 101.
Prozeßgericht 27, 33, 34.
Prüfung 4.

R.

Rechnungslegung seitens des Vorstandes 48, 49.
Recht auf Zulassung 4.
Rechtsanwalt, Ausschließung des — 24, — beim Amtsgericht 9, 18, — beim Kollegialgericht 10, 18, 107, — beim Landgericht 11, 12, 18, — beim obersten Landesgericht 104, 105, Beiordnung des — 32 bis 39, Bestrafung des — 62, 64, Eid des — 17, 107, Eintragung des — 20, Handlungen des — vor der Zulassung 64, Liste der — 20, 112, Löschung des — 24, Pflichten des — 28 bis 32, Stellvertretung des — 23, Strafverfahren gegen den — 65, Tod des — 54, — verwandt oder verschwägert mit Richter 14, Verfügungsbeschränkung des — 22, 43, Versagung der Zulassung des — bei einem anderen Gericht 15, Vorbereitungsdienst beim — 25, 40, Wohnsitz des — 18, 19, 107, Zugehörigkeit des — zur Anwaltskammer 41, Zulassung des — bei einem anderen Gericht 9 bis 12, 104, 107, Zurücknahme der Zulassung des — 21 bis 23.
Rechtsanwaltschaft, Ausschließung von der — 5, 63, 64, 96, — beim Amtsgericht 9, — beim Reichsgerichts 98 bis 102, Befähigung zur — 1, 2, 108, Beginn der Befugniß zur Ausübung der — 20, Freigebung der — 4, 13, Lokalisirung der — 8, Versagung der Zulassung zur — 5, 6, 13, 14, 16, 93, 108 bis 110, zeitige Entziehung der Befugniß zur Ausübung der — 116, Zulassung zur — 3 bis 7, 99.
Rechtsanwaltslisten 20, 112, 113.
Rechtsausführung 25, 27, 100¹, 101¹.
Rechtskundige im Vorbereitungsdienst 25, 40.
Rechtslehrer 6.
Rechtsmittel im ehrengerichtlichen Verfahren 89, 90.
Rechtssysteme, Verschiedenheit der — in einem Oberlandesgerichtsbezirk 11, 114.
Rechtsvertheidigung 27, muthwillige oder aussichtslose — 33, 36⁴.
Reichsamt 6, 110.
Reichsanzeiger, Bekanntmachung durch den — 20, 24, 47.
Reichsgericht 90, Präsidium des — 90, 99, Rechtsanwaltschaft beim — 98 bis 102.
Reichskanzler 98.
Reichs-Oberhandelsgericht 112, 113.
Reisekosten 37, 39.
Richter, ersuchter 86, — führt die Voruntersuchung im ehrengerichtlichen Verfahren 71, — mit dem Rechtsanwalt verwandt oder verschwägert 14.
Richteramt, Befähigung zum — 1, 2.

S.

Sachverständige im ehrengerichtlichen Verfahren, Beeidigung der — in der Voruntersuchung 73, Gebühren der — 71[2], 94, Vernehmung der — in der Hauptverhandlung 86, Zwangsmaßregeln gegen — 87.
Schadensersatz wegen verzögerter Ablehnung eines Mandats 30.
Schriftführer des Vorstandes 46, 56, 57, 94 bis 97, 106.
Schriftliche Mittheilung der Beweismittel vor der Hauptverhandlung 93.
Schwäche der körperlichen oder geistigen Kräfte 5.
Schwägerschaft zwischen Anwalt und Richter 14.
Sitz, der Anwaltskammer 41, — des Gerichts 8, 9, 18, 37, 39.
Staatsamt 6, 110.
Staatsanwaltschaft im ehrengerichtlichen Verfahren 69, 74, 92.
Stellvertretung des Rechtsanwalts 25, 29, — im Ehrengericht 67, — im Vorstand 42[3], 46.
Stempel. Haftung des Anwalts für den — der Vollmacht. Bem. vor 30.
Stempelfreiheit, der Verhandlungen und Erlasse der Kammer und des Vorstandes 60, — für das ehrengerichtliche Verfahren 94.
Stimmengleichheit 54.
Stimmenmehrheit 54.
Strafen, bisher zulässige 116. ehrengerichtliche — 63.
Strafgewalt des Vorstandes 58, ehrengerichtliche — 49, 67.
Strafprozeßordnung 26, 39, 66, 91.
Strafsachen 39.
Strafverfahren 65.
Streitigkeiten, Vermittelung von — durch den Vorstand 49.
Suspension 116.
Systeme des bürgerlichen Rechts, Verschiedenheit der — in einem Oberlandesgerichtsbezirk 11, 114.

T.

Tagegelder 39.
Thätigkeit, Ablehnung der — durch den Rechtsanwalt 30, — im Justizdienst 6, Versagung der — 31.
Thatsachen, welche das Einschreiten im ehrengerichtlichen Verfahren begründen 65, 76 bis 78.
Theilnahme, am Hauptverfahren 80, — an einer Entscheidung als Richter 31.
Tod des Rechtsanwalts 24.

U.

Uebergangsbestimmungen 106 bis 116.
Uebertragung, der Vertretung 27, 101, — der Vorstandsgeschäfte 49, 58.
Umfang der Beweisaufnahme 85.
Unentgeltlichkeit der Geschäftsführung 51.
Unfähigkeit zur Bekleidung öffentlicher Aemter 5, 6, 7, 21, 43.
Universität, Lehrer des Rechts an einer deutschen — 6.
Untersuchungsrichter 71, 74.
Unvereinbarkeit, der Rechtsanwaltschaft mit gewissen andern Aemtern 6, — der Zulassung beim Reichsgericht mit der Zulassung bei einem anderen Gericht 100.
Urkunden, Vollziehung von — durch den Vorsitzenden der Kammer 57.
Urtheil, ehrengerichtliches 5, 43, Ausfertigungen und Auszüge

des — 95, Berufung gegen — 90, Rechtskraft des — 96, Vollstreckung des — 87, strafgerichtliches — 5, 65.
Urtheilsformel 96, 97.

V.

Veränderung des Wohnsitzes 20.
Verfahren, ehrengerichtliches 5, 6, 15, 16, 62 bis 97, Verlangen desselben 16.
Verfolgung, Aufhebung der ehrengerichtlichen — 77.
Verfügungsbeschränkung 5, 22, 43.
Verhältniß bisher zulässiger Strafen zu dem im Gesetze bestimmten 116.
Verhängung von Zwangsmaßregeln gegen Zeugen und Sachverständige im ehrengerichtlichen Verfahren 87.
Verhaftung des Angeschuldigten im ehrengerichtlichen Verfahren unzulässig 72.
Verhinderung d. Rechtsanwalts 25.
Verkehr, geschäftlicher — der Kammer und des Vorstandes 57.
Verlesung, des Beschlusses über Eröffnung des Hauptverfahrens 84, — der Zeugenaussagen 88.
Verletzung der Pflichten des Rechtsanwalts 62.
Verlust der Fähigkeit zur Rechtsanwaltschaft 24.
Vermittelung von Streitigkeiten durch den Vorstand 49.
Vermögen, Beschränkung des Rechtsanwalts in der Verfügung über sein — 5, 22, 43, — der Anwaltskammer 49.
Vernehmung, der Zeugen und Sachverständigen 86, 88, — des Angeschuldigten 86, — des Antragstellers 93.
Verordnung, landesherrliche 107 bis 110.
Versagung der Berufsthätigkeit 31. — der Zulassung bei einem andern Gericht 15, — der Zulassung zur Rechtsanwaltschaft 5, 6, 13, 14, 16, 93, 108 bis 110.
Versammlung, der Anwaltskammer 52, 53, 106, — des Vorstandes 52.
Verschwägerung mit dem Richter 14.
Vertheidigung 26, 39.
Vertretung, der Mitglieder des Ehrengerichts 67, — der Mitglieder des Ehrengerichtshofs 90, — des Angeklagten vor dem Ehrengericht 83, — des Rechtsanwalts 25, 27, 101, — des Schriftführers und des Vorsitzenden des Vorstandes 46.
Verurtheilung im Strafverfahren 65.
Verwaltung des Vermögens der Kammer 49.
Verwandtschaft mit dem Richter 14.
Verweigerung der Aussage oder ihrer Beeidigung im ehrengerichtlichen Verfahren 87.
Verweis 6, 15, 43, 63, 116.
Verzögerung der Ablehnung eines Auftrages 30.
Vollstreckbare Kostenfestsetzung 94.
Vollstreckung des ehrengerichtlichen Urtheils 96, 97.
Vorbereitungsdienst, Beschäftigung im — 25, 40.
Vorführung des Angeschuldigten im ehrengerichtlichen Verfahren unzulässig 72.
Vorhandene Rechtsanwälte 107, 108.
Vorsitzender, des Ehrengerichts 67, — des Ehrengerichtshofs 90, — des Gerichts 29, 36, — des Vorstandes 46, 52, 56, 57, 61, 67, 94.
Vorstand der Anwaltskammer 42 bis 47, 49 bis 52, 54 bis 60, 67. 111.

Vortrag, des Berichterstatters im ehrengerichtlichen Verfahren. 84.
Voruntersuchung im ehrengerichtlichen Verfahren 69 bis 71, 73 bis 75.

W.

Wählbarkeit zum Vorstandsmitglied 48.
Wahlen 54, 56, — der Mitglieder des Ehrengerichts 67, — der Mitglieder des Ehrengerichtshofs 90, — des Vorstandes der Anwaltskammer 43, 44, 106, gesetzwidrige — 59.
Wahlperiode, Ausscheiden vor Ablauf der — 44.
Wahrnehmung der Parteirechte, unentgeltliche 34.
Warnung 63.
Wiederaufnahme der Klage im ehrengerichtlichen Verfahren 77.
Woche, Frist von einer — 16, Entfernung über eine — 49.
Wohnsitz des Rechtsanwalts 10, 18, 19, 37, 39, Aufgeben des — 21, Entfernung von dem — 29, Beibehaltung des bisherigen — 107.

Z.

Zahl, der aus dem Vorstande Ausscheidenden, 44, — der Mitglieder des Vorstandes 42, — der Rechtsanwälte 10, 18, — zur Beschlußfähigkeit des Vorstandes erforderliche — 55.
Zeitige, Entziehung der Befugniß zur Ausübung der Rechtsanwaltschaft 116, — Unfähigkeit zur Bekleidung öffentlicher Aemter 5, 6.
Zeugen im ehrengerichtlichen Verfahren, Beeidigung der — in der Voruntersuchung 73, Gebühren der — 71², 94, — Vernehmung der — in der Hauptverhandlung 86, 88, — Zwangsmaßregeln gegen — 87.
Zeugenaussagen 87, 88, Verlesung der — 88.
Zuhörer bei der ehrengerichtlichen Hauptverhandlung 82.
Zulassung zur Rechtsanwaltschaft 1 bis 4, 8, 13, 107, 108, Aufgeben der — 24, Aussetzung der — 7, — bei einem anderen Gericht 9 bis 12, — bei einem Amtsgericht 9, — bei einem Landgericht 9, 12, — bei mehreren Kollegialgerichten 10, 107, — bei einem Oberlandesgericht 11, 114, — beim obersten Landesgericht 104, — beim Reichsgericht 99, 100, 113, Versagung der — 4, 6, 14 bis 16, 108 bis 110, Zurücknahme der — 21 bis 24, 99.
Zurücknahme, der Zulassung 21 bis 24, 99, — des Antrags auf Entscheidung des Ehrengerichts 93.
Zuständigkeit des Ehrengerichts 68.
Zustellung an den Zustellungsbevollmächtigten 19.
Zustellungsbevollmächtigter 19, 21.
Zwangsmaßregeln, gegen die Mitglieder der Anwaltskammer 28, — gegen Zeugen und Sachverständige 87.

Pierer'sche Hofbuchdruckerei. Stephan Geibel & Co. in Altenburg.

FSC
www.fsc.org
MIX
Papier | Fördert gute Waldnutzung
FSC® C083411

Kolibri 360 GmbH
Ferdinand-Jühlke-Straße 7
99095 Erfurt, Deutschland
produktsicherheit@kolibri360.de